Lieb | Die Schlacht um Berlin
und das Ende des Dritten Reichs 1945

Kriege der Moderne

Herausgegeben vom Zentrum für Militärgeschichte und Sozialwissenschaften der Bundeswehr

Peter Lieb

Die Schlacht um Berlin und das Ende des Dritten Reichs 1945

Reclam

Zentrum für Militärgeschichte und Sozialwissenschaften der Bundeswehr, Fachbereich Publikationen (0877-01)

2020 Philipp Reclam jun. Verlag GmbH,
Siemensstraße 32, 71254 Ditzingen
Durchgesehene Ausgabe 2020
Umschlaggestaltung: Philipp Reclam jun. Verlag GmbH
Umschlagabbildung: Sowjetische Panzer vor dem Brandenburger Tor, Mai 1945.
akg-images / TT News Agency / SVT
Druck und Bindung: Firmengruppe APPL, aprinta druck GmbH,
Senefelderstraße 3–11, 86650 Wemding
Printed in Germany 2022
RECLAM ist eine eingetragene Marke der
Philipp Reclam jun. GmbH & Co. KG, Stuttgart
ISBN 978-3-15-011272-4

Auch als E-Book erhältlich

www.reclam.de

Inhalt

↗ Berlin in Trümmern: Die Budapester Straße mit der zerstörten Kaiser-Wilhelm-Gedächtniskirche, Anfang Mai 1945

1 Flucht und Tod im Berliner Inferno

29. April 1945, im »Führerbunker« unter der Reichskanzlei: Fast acht Jahre war der noch junge Oberst Nicolaus von Below Luftwaffen-Adjutant bei Adolf Hitler gewesen; seinem »Führer« hatte er stets treu gedient. Die gesamte politische und militärische Elite des sogenannten Dritten Reichs hatte er getroffen, all die Interna und Ränkespiele im Zentrum der Macht kannte er nur zu gut. Der verbrecherische Charakter des NS-Staats konnte ihm nicht verborgen geblieben sein. Mehr noch: Below selbst gehörte zur »Ersatzfamilie« des Diktators. Seit einigen Wochen lebte er nun mit dessen letzten Getreuen unter der Erde, im »Führerbunker« im Herzen Berlins.

Früh um 4 Uhr hatte Below neben den Nazi-Größen Martin Bormann und Joseph Goebbels seine Unterschrift unter Hitlers privates Testament gesetzt. Sein Einsatz als Zeuge war seine letzte Aufgabe. Er hatte seine Schuldigkeit getan; zwanzig Stunden später, um Mitternacht vom 29. auf den 30. April 1945, konnte er gehen. Below erhielt damit die völlig unerwartete Chance, der Todesfalle unter der Reichskanzlei zu entkommen. Ob er überleben würde, war dennoch fraglich, weil zu diesem Zeitpunkt die Rote Armee bereits fast ganz Berlin eingenommen hatte.

Below war der letzte aus dem engeren Umfeld Hitlers, der den »Führerbunker« verließ. Gegen Mittag war bereits eine andere Gruppe von drei jungen Offizieren aufgebrochen: Oberstleutnant Rudolf Weiß, Major Bernd Freytag von Loringhoven und Rittmeister Gerhard Boldt. Loringhoven und Boldt hatten in den vergangenen Tagen die Meldungen der Wehrmachtverbände gesammelt und für die Lagevorträge im »Führerbunker« aufbereitet. Below hatte von ihnen erfahren, dass es möglicherweise in Richtung Havel noch einen Fluchtweg nach Westen geben könnte. Als Einziger begleitete ihn Heinz Mathiesing, sein langjähriger Bursche aus der Luftwaffen-Adjutantur.

So machten sich die beiden Männer auf den Weg, ausgerüstet mit MP40 Maschinenpistolen, ein wenig Verpflegung und Landkarten. Ihr Weg führte sie zunächst über die Hermann-Göring-Straße (heute:

Luftwaffen-Adjutant Nicolaus von Below (Mitte) gehörte zu den engsten Vertrauten Hitlers. Rechts im Bild Hermann Göring sowie der Chef des Heerespersonalamts, Rudolf Schmundt. Die Aufnahme stammt aus dem Jahr 1940.

Ebertstraße) zum Brandenburger Tor, von dort durch den Tiergarten bis zum großen Flakturm am Berliner Zoo. Das monströse Gebäude war während des Kriegs erbaut worden, auch als ein Symbol der Unbesiegbarkeit Berlins angesichts der alliierten Bomberangriffe. Inzwischen diente der Flakturm hauptsächlich als Lazarett. Der dortige Kommandant riet Below, seinen Weg entlang der Kantstraße und über den Adolf-Hitler-Platz (heute: Theodor-Heuss-Platz), dann über die Heerstraße bis zum Reichssportfeld (heute: Olympiapark) fortzusetzen.

Berlin glich einem apokalyptischen Niemandsland, die Stadt lag im Sterben: Überall sah man Häuserruinen, Bombentrichter, Rauch, Granateneinschläge. Mal war es still wie in einem Leichenschauhaus, mal heulten die Geschosse wie Sirenen des Todes. Am Himmel kreisten sowjetische Bomber und Schlachtflugzeuge. Hilflos irrten Zivilisten umher, die in Kellern und Luftschutzräumen Unterschlupf suchten, um dort irgendwie zu überleben. Deutsche Soldatengruppen und Einheiten des Volkssturms streiften ziellos durch die Straßen; eine klare militärische Struktur und Ordnung war kaum mehr zu erkennen. Auch eine Frontlinie gab es nicht mehr, so dass an jeder Straßenecke die Gefahr lauerte, auf sowjetische Soldaten zu treffen. Below und Mathiesing mussten befürchten, nach einer Gefangennahme sofort erschossen zu werden.

Als beide in den Nachmittagsstunden des 30. April das Reichssportfeld erreichten, trafen sie dort auf zahlreiche Kampfverbände mit 15- und 16-jährigen Hitlerjungen. Der Kampfgruppen-Kommandeur empfahl Below, sofort weiterzuziehen; die militärische Lage sei ungewiss, jederzeit könnten sowjetische Soldaten auftauchen. Die Havel war von dort noch etwa einen Kilometer entfernt. Ob die Brücken in Richtung Spandau noch intakt waren? Kurz vor Einbruch der Dunkelheit erreichten die beiden Männer schließlich den Fluss bei den zwei Brücken in der Nähe des Ortsteils Pichelsdorf, wo sie auf die andere Gruppe mit Weiß, Loringhoven und Boldt trafen. Letztere hatten einen nahezu identischen Weg genommen.

Unmittelbar an den Brücken lag ein weiteres Bataillon Hitlerjugend; auch diese Truppe hatte man erst vor wenigen Tagen am Reichssportfeld aufgestellt. Bei einer Lagebesprechung im »Führerbunker« hatte Reichsjugendführer Artur Axmann dieses Hitlerjugend-Bataillon freiwillig zur Verteidigung der Pichelsdorfer Brücken angeboten. Es sollte

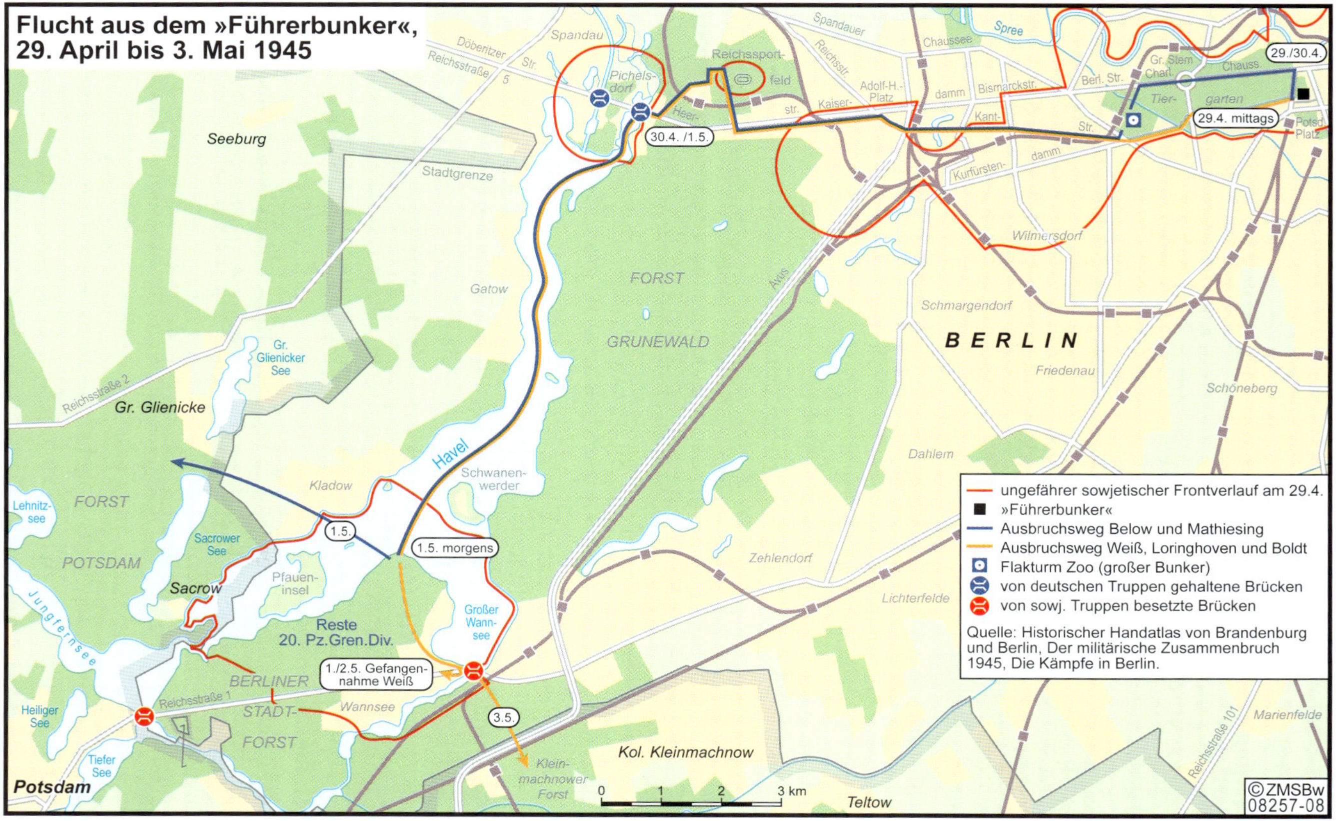
Flucht aus dem »Führerbunker«,
29. April bis 3. Mai 1945
ungefährer sowjetischer Frontverlauf am 29.4.
»Führerbunker«
Ausbruchsweg Below und Mathiesing
Ausbruchsweg Weiß, Loringhoven und Boldt
Flakturm Zoo (großer Bunker)
von deutschen Truppen gehaltene Brücken
von sowj. Truppen besetzte Brücken
Quelle: Historischer Handatlas von Brandenburg und Berlin, Der militärische Zusammenbruch 1945, Die Kämpfe in Berlin.
BERLIN
Seeburg
Spandau
Döberitzer Str.
Reichsstraße 5
Stadtgrenze
Pichelsdorf
Reichssportfeld
Heerstr.
Kaiserdamm
Adolf-H.-Platz
Bismarckstr.
Berl. Str.
Gr. Stern
Charl. Chauss.
Tiergarten
Potsd. Platz
Kantstr.
Kurfürstendamm
Spree
Chaussee
Spandauer
Reichsstr.
29./30.4.
29.4. mittags
30.4. /1.5.
Wilmersdorf
Schmargendorf
Friedenau
Schöneberg
Dahlem
Zehlendorf
Lichterfelde
Marienfelde
Reichsstraße 101
Gatow
FORST
GRUNEWALD
Avus
Havel
Schwanenwerder
Kladow
1.5. morgens
1.5.
Gr. Glienicker See
Gr. Glienicke
Reichsstraße 2
Lehnitzsee
FORST
POTSDAM
Sacrower See
Sacrow
Pfaueninsel
Reste
20. Pz.Gren.Div.
Großer Wannsee
1./2.5. Gefangennahme Weiß
3.5.
Wannsee
BERLINER
STADT-
FORST
Reichsstraße 1
Jungfernsee
Heiliger See
Tiefer See
Potsdam
Kleinmachnower Forst
Kol. Kleinmachnow
0 1 2 3 km
Teltow
©ZMSBw
08257-08

nun die Brücken für den Entsatzangriff der Armee Wenck offenhalten. Generalleutnant Walther Wencks Angriff war zwar gescheitert, aber die Jungen lagen am 30. April immer noch an den Brücken in Stellung.

Der Befehlshaber des Abschnitts, Obergebietsführer Dr. Ernst Schlünder, erklärte den Offizieren die Lage. Die Straße über die Pichelsdorfer Brücken war das einzige noch halbwegs offene Ausgangstor aus Berlin. »Es war ein schrecklicher Gedanke, dass diese prächtige Jugend in den letzten Kämpfen sinnlos sich opferte«, bemerkt Below rückblickend in seinen Memoiren. Aber kein Offizier – auch Below nicht – hatte genügend Mut und Verantwortungsgefühl, um den nutzlosen Auftrag zu beenden und »diese prächtige Jugend« einfach nach Hause zu schicken. Vielmehr profitierte auch Below von ihrem Einsatz. Voller Enthusiasmus halfen sie den Offizieren bei ihrer Flucht und organisierten für sie ein Ruderboot. Noch immer machten sie dabei einen zuversichtlichen Eindruck. Schließlich gab es in ihrer Welt ja nichts Größeres, als das Leben für Deutschland und den »Führer« zu opfern. »Blut und Ehre« war ihnen als Wahlspruch immer wieder eingetrichtert worden. Dass sie in den letzten Tagen des Weltkriegs nur noch ›verheizt‹ wurden, erkannten sie nicht.

In der Nacht vom 30. April auf den 1. Mai brachen Below, Mathiesing, Weiß, Loringhoven und Boldt schließlich auf und ruderten auf der Havel nach Süden bis zur nördlichen Spitze der Wannsee-Insel. Dort gingen die fünf Männer morgens an Land und trafen auf die kläglichen Reste der 20. Panzer-Grenadier-Division. Der Divisionskommandeur, Generalmajor Georg Scholze, hatte sich wenige Tage zuvor erschossen; seine Frau und seine vier Kinder waren beim britischen Luftangriff auf Potsdam am 14. April ums Leben gekommen. Die Truppe verschanzte sich nun im Wald und war auf der Insel eingeschlossen, weil die Rote Armee die Wannsee-Brücke weiter im Süden blockierte. Below und Mathiesing beschlossen daher, mit dem Boot ans Westufer der Havel überzusetzen. Hinzu kamen Hitlers Heeresadjutant, Oberstleutnant Willy Johannmeyer, sowie zwei weitere Männer, die bereits vor einigen Tagen den »Führerbunker« verlassen hatten. Sie hatten Erfolg, konnten sich schließlich weiter nach Westen durchschlagen und der sowjetischen Gefangenschaft entgehen.

Weiß, Loringhoven und Boldt hingegen standen noch einmal ungewisse Tage bevor. In der Nacht vom 1. auf den 2. Mai versuchten die Reste der 20. Panzer-Grenadier-Division über die Wannsee-Brücke durchzubrechen. Das endete im völligen Fiasko. Hunderte von Toten lagen verstreut in der Umgebung der Brücke und der Eisenbahnunterführung; Weiß selbst kam dabei in Gefangenschaft. Anschließend durchkämmten sowjetische Soldaten den Wald auf der Wannsee-Insel. Loringhoven und Boldt versteckten sich im Laub und konnten erst am 3. Mai in Zivilkleidern nach Süden ausbrechen.

Mehrmals waren Below, Mathiesing, Loringhoven und Boldt in diesen Tagen dem sicheren Tod entkommen; Weiß kehrte nach einigen Jahren aus sowjetischer Kriegsgefangenschaft wieder in die Heimat zurück. Sie alle durften weiterleben, Loringhoven war von 1971 bis 1973 sogar Stellvertretender Generalinspekteur der Bundeswehr. Andere hingegen hatten weniger Glück. Allein die Hitlerjungen an den Pichelsdorfer Brücken hatten knapp 100 Tote zu beklagen, bevor die Reste des Bataillons in der Nacht vom 1. auf den 2. Mai durch die sowjetischen Linien sickern konnten. In den Gefechten am Reichssportfeld und an der Heerstraße fanden weitere Hunderte von Hitlerjungen noch kurz vor Abschluss der Kämpfe den Tod. Der mörderische Krieg hatte seine letzten militärischen Opfer gefordert.

Die beschriebene Flucht aus dem »Führerbunker« steht sinnbildlich für Chaos, Zerstörung, Tod und Überleben in der Schlussphase des Zweiten Weltkriegs. Diese dramatischen letzten Wochen und Monate des Dritten Reichs sollen in diesem Buch knapp erzählt und analysiert werden. Dabei ist das Inferno in den Straßen von Berlin im April 1945 nur ein Aspekt. Im Mittelpunkt stehen die militärischen Operationen und die Frage, warum die Deutschen so lange weiterkämpften, obwohl längst alles verloren war. Wie in einem Brennglas bündelten sich in jener Zeit noch einmal der Vernichtungswille des nationalsozialistischen Deutschlands sowie das Gewaltpotenzial der Kriegsparteien in dem von Hitler ausgelösten Zweiten Weltkrieg.

↗ Junge deutsche Panzergrenadiere in den Ardennen, Dezember 1944

2 Die militärische und politische Lage zur Jahreswende 1944/45

An Heiligabend ging der Sprit endgültig aus. Fünf Kilometer vor der belgischen Stadt Dinant an der Maas kam der Vormarsch der 2. Panzer-Division zum Erliegen. In den Ardennen hatten Wehrmacht und Waffen-SS seit dem 16. Dezember 1944 noch einmal die Initiative gegen Amerikaner und Briten ergriffen. Dabei waren ihnen in den ersten Tagen tatsächlich einige Überraschungserfolge gelungen. 50 Kilometer waren die Verbände der 5. Panzer-Armee nach Westen vorgedrungen; die 2. Panzer-Division hatte den Keil am weitesten nach vorne getrieben. Doch nun, am 24. Dezember 1944, war das Scheitern dieses letzten großen deutschen Angriffs, der als Ardennenoffensive oder »Battle of the Bulge« in die Geschichte eingehen sollte, offensichtlich.

Noch einmal hatte Hitler mit dieser Offensive eine strategische Entscheidung gesucht, eine wirkliche Veränderung einer Situation, in der die totale Niederlage nur noch eine Frage der Zeit zu sein schien. Das ganze Jahr 1944 über hatte sein Hauptaugenmerk nicht auf der Ost-, sondern auf der Westfront gelegen. Die Ardennenoffensive mit dem Decknamen »Wacht am Rhein« war Bestandteil dieser Gedankenwelt. Ihr Ziel war Antwerpen, der wichtige alliierte Nachschubhafen. Hitler wollte damit zweierlei erreichen: die Versorgung der Westalliierten unterbrechen und große Teile der britischen Armee in Belgien einkesseln. Dahinter stand die strategische Absicht, einen politischen Keil zwischen Briten und Amerikaner zu treiben. Anschließend – so Hitlers Planspiele – könnte er seine Kräfte wieder an der Ostfront gegen die Rote Armee ins Feld schicken.

Die Grundidee von »Wacht am Rhein« basierte allerdings auf völlig falschen Annahmen. Militärisch und politisch war sie eine Fehlkalkulation ersten Ranges. Das britisch-amerikanische Bündnis war trotz einiger Spannungen nicht einmal ansatzweise so brüchig, wie Hitler glaubte. Militärisch ist die Ardennenoffensive oft als »Glücksspiel« beschrieben worden, und dieses Urteil ist immer noch zu positiv. Um die alliierte Luftherrschaft zu umgehen, mussten Wehrmacht und Waffen-SS bei Schlechtwetter angreifen. Eroberte alliierte Depots sollten die deutsche Treibstoffknappheit kompensieren. »Wacht am Rhein« beruhte auf einer dilettantischen militärischen Planung. Der Wehrmachtführung war dies auch durchaus bewusst, aber sie tat das, was sie schon seit 1939 gemacht hatte: blind gehorchen. Mit dem Scheitern der Ardennenoffensive hatte das Deutsche Reich seine letzten Ressourcen verspielt.

Nichtsdestotrotz war zur Jahreswende der deutsche Machtbereich immer noch beachtlich groß – zumindest auf der Karte. Mit Ausnahme von Aachen hatten die Alliierten noch keine deutsche Großstadt einnehmen können. Norwegen, Dänemark, die Niederlande, Norditalien sowie der Großteil Polens waren unter deutscher Kontrolle. Von den einst riesigen besetzten Gebieten in der Sowjetunion hingegen blieb nur noch ein kümmerlicher Rest in Kurland (im heutigen Lettland) in deutscher Hand, der von den Hauptfronten abgeschnitten war. Auch Frankreich war längst geräumt; nur mehr ein halbes Dutzend »Festungen« am Atlantik und der Kanalküste hielten den Belagerungen noch stand. Hinzu kamen einige griechische Inseln. Die meisten der einstigen deutschen Verbündeten waren spätestens im Sommer 1944 abtrünnig geworden. Lediglich die Marionettenregierungen in Italien, Ungarn, Kroatien und der Slowakei hielten als letzte Verbündete zum

Die Front in Europa am 1. Januar 1945

Reich, wobei deren Staatsgebiete alle deutlich zusammengeschrumpft waren. Das Bündnis mit Japan hatte zu keinem Zeitpunkt des Kriegs eine wirkliche globale Bedeutung besessen, und daran änderte sich auch Anfang 1945 nichts.

In den letzten Kriegsmonaten bestand Hitlers Strategie – sofern man sie überhaupt noch so bezeichnen mag – nur mehr aus drei Komponenten: Erstens hoffte er, das Bündnis seiner Gegner würde zerbrechen. In seinen Phantasien stand ihm der Preußenkönig Friedrich der Große Pate, den im Siebenjährigen Krieg (1756–1763) ein Bruch der gegnerischen Koalition aus scheinbar auswegloser Situation gerettet hatte. Zweitens befahl Hitler allerorten lediglich stures Halten seiner Verbände an »Festen Plätzen«, wobei die Wortwahl immer fanatischer und die Konsequenzen für die Soldaten bei »Versagen« immer drastischer wurden. Drittens gab das Weiterkämpfen ihm Zeit, sein Vernichtungswerk gegen die europäischen Juden noch fortzusetzen, das er als seine »historische Aufgabe« ansah. Auch wenn im Spätherbst 1944 das industrialisierte Morden aufgehört hatte, ging die Vernichtung in anderer Form weiter.

Der Leiter der Parteikanzlei der NSDAP, Martin Bormann, mit Hitler 1942 auf dem »Berghof«. Bormann wurde in der letzten Kriegsphase eine der einflussreichsten Personen im untergehenden Dritten Reich.

Im Zentrum der nationalsozialistischen Macht bildete sich in der Endphase des Kriegs eine Viererclique heraus, die in bedingungsloser Treue zueinanderhielt und zum totalen Untergang fest entschlossen war. Neben Hitler waren dies Joseph Goebbels, Heinrich Himmler und Martin Bormann. Damit waren auch die Spitzen in den wichtigsten Bereichen zur Lenkung der totalen Kriegsgesellschaft besetzt: Hitler war das Staatsoberhaupt und führte obendrein noch den Oberbefehl über die Wehrmacht sowie das Heer. Goebbels manipulierte als Propagandaminister nach wie vor das deutsche Volk und sorgte mit seiner Durchhaltepropaganda für den »geistigen« Überbau im totalen Krieg. Wen diese Propaganda nicht mehr erreichte, und die Zahl dieser »Volksgenossen« war in den vergangenen Monaten stetig gewachsen, der wurde durch Terror diszipliniert.

Zuständig dafür war Heinrich Himmler, der sich während des Kriegs durch zahlreiche Ämter und Posten ein Imperium eigener Art geschaffen hatte. Als Reichsführer-SS befehligte er SS und Waffen-SS, als Chef der deutschen Polizei die traditionellen Träger staatlicher Gewalt. Zudem war er Innenminister und inzwischen auch Befehlshaber des Ersatzheeres. Martin Bormann schließlich hielt als Leiter der Parteikanzlei die Zügel der Nationalsozialistischen Deutschen Arbeiterpartei (NSDAP) fest in seiner Hand. Mit der letzten Mobilisierung der deutschen Gesellschaft für die Verteidigung der Heimat konnte der Parteiapparat noch einmal seine Macht ausbauen. Als sogenannte Reichsverteidigungskommissare waren die Gauleiter in ihren jeweiligen Reichsgauen mit den Verteidigungsmaßnahmen betraut.

Der Stern des Rüstungsministers Albert Speer hingegen war in den letzten Monaten des Dritten Reichs im Sinken begriffen. Goebbels machte ihm als neuernannter Bevollmächtigter für den totalen Kriegseinsatz die Kontrolle über die Kriegswirtschaft streitig. Speer hatte zwar im Sommer 1944 in einer ungeheuren ökonomischen Kraftanstrengung, die eine gnadenlose Ausbeutung von Zwangsarbeitern erforderte, die Rüstungsproduktion auf einen neuen Höchststand getrieben; man sprach von einem »Rüstungswunder«. Ende Januar 1945 meinte er, im Jahr 1944 habe »seine« Kriegswirtschaft genügend Material produziert, um 225 Infanterie- und 45 Panzer-Divisionen auszurüsten. Doch die schweren deutschen Verluste an den Fronten in Ost und West ließen diese Bestände wie Schnee in der Sonne dahinschmelzen. Vor allem

Reichsführer-SS Heinrich Himmler zeichnet als Oberbefehlshaber des Ersatzheeres und Oberbefehlshaber der Heeresgruppe Weichsel Scharfschützen aus, Januar 1945. Himmler zog in der zweiten Kriegshälfte zahllose Ämter und Kommandos an sich.

aber wurden ab Sommer 1944 die Folgen der britischen und amerikanischen Luftangriffe auf die deutsche Rüstungsindustrie immer stärker spürbar. Im Januar 1945 war die deutsche Kriegswirtschaft wieder auf den Stand von Mitte 1942 zurückgeworfen, die Produktion für Marine und Luftwaffe sogar auf den Stand von Anfang 1942. Zudem trafen die Luftangriffe die Treibstoffherstellung besonders hart.

Mit seiner Einschätzung, die Koalition zwischen der Sowjetunion und den Westmächten sei »widernatürlich«, hatte Hitler nicht völlig unrecht. Konnten – auf der einen Seite – die Westmächte der Sowjetunion trauen, die 1939 mit Hitler einen Pakt zur Aufteilung Polens geschlossen und den Ostteil des Landes annektiert hatte? Jener Sowjetunion, die 1939 Finnland überfallen hatte und 1940 in die unabhängigen baltischen Staaten einmarschiert war, um sich diese einzuverleiben? Einem durch und durch totalitären Staat, der bis 1945 Millionen seiner Bürger verfolgt und ermordet hatte? Konnte – auf der anderen Seite – die Sowjetunion den Westmächten trauen? Während die sowjetischen Völker jahrelang unter deutscher Besatzung gelitten und die Rote Ar-

Der britische Premierminister Winston Churchill, US-Präsident Franklin D. Roosevelt und der sowjetische Diktator Josef Stalin auf der Konferenz von Jalta, Februar 1945. In Jalta wurden zentrale Fragen für das Europa der Nachkriegszeit verhandelt.

mee immense Blutopfer erbracht hatten, führten die Westmächte lange Zeit auf eine Weise Krieg, die eigene Verluste weitgehend vermied.

In der Tat galt vor allem das Verhältnis zwischen Großbritannien und der Sowjetunion als angespannt. Doch insgesamt hielt die Anti-Hitler Koalition. Denn trotz aller Differenzen: Ihr größter Feind war Hitler, ein Sieg über Deutschland das oberste Kriegsziel. An diesem *Germany First* gab es seit der Washington-Konferenz 1941/42 kein Rütteln.

Morgenthau-Plan

Der sogenannte Morgenthau-Plan war der radikalste Plan für die Zukunft des besiegten Deutschlands. Geistiger Vater war US-Finanzminister Henry Morgenthau, ein enger Vertrauter des US-Präsidenten Franklin D. Roosevelt. Morgenthau sah in einem bevölkerungsreichen und wirtschaftlich starken Deutschland eine stete Gefahr für den Frieden und die Sicherheit in Europa. Um dies zu verhindern, entwickelte er vierzehn Forderungen. Eine davon war, Deutschland in einen Nord- und in einen Südstaat aufzuteilen, deren Wirtschaft primär agrarisch sein sollte. Die Schwerindustrie im Westen sollte dagegen internationalisiert bzw. Frankreich zugesprochen werden. »Ich weiß, dass dieser Vorschlag 18 bis 20 Millionen Deutsche arbeitslos machen wird«, prognostizierte Morgenthau.
Am 2. September 1944 legte er Roosevelt sein Memorandum vor. Bei einem Treffen zwei Wochen später einigten sich Roosevelt und Churchill offiziell auf die Annahme des Morgenthau-Plans. Kurz darauf distanzierten sie sich jedoch schon wieder davon, denn vor allem in der amerikanischen Regierung sowie in der Öffentlichkeit regten sich massive Widerstände. Zudem mussten Roosevelt und Churchill anerkennen, dass Deutschland die großen Agrarflächen im Osten an Polen verlieren würde und somit die territorialen Grundlagen für den Morgenthau-Plan nicht mehr gegeben sein würden; die sozialen und politischen Folgen schienen zu groß. Dennoch gingen einige Punkte des Morgenthau-Plans in die Weisung JCS-1067 vom April 1945 für die alliierte Militärverwaltung in Deutschland ein.

Außerdem war zur Jahreswende 1944/45 der Sieg schon längst absehbar. Fraglich war nur noch der Zeitpunkt.

Deutschland sollte bei einer Kapitulation keine Bedingungen stellen dürfen (*Unconditional Surrender*); so hatten es der britische Premier Winston Churchill und vor allem US-Präsident Franklin D. Roosevelt auf der Konferenz von Casablanca im Januar 1943 festgelegt. Genauso hatte das Deutsche Reich die meisten seiner geschlagenen Gegner in den ersten Kriegsjahren schließlich auch behandelt.

Unklar war allerdings, wie das Deutschland und das Europa der Zukunft aussehen sollten. Auf der Außenministerkonferenz in Moskau im Herbst 1943 wurde für diese Frage eine Europäische Beratende

Als der Morgenthau-Plan im Frühherbst 1944 öffentlich bekannt wurde, war er für die NS-Propaganda ein gefundenes Fressen. Der Plan »des Juden« Morgenthau galt dem Regime als Beweis für den »Vernichtungswillen« der Westmächte wie auch für die »jüdische Weltverschwörung«. Selbst nach 1945 entwickelte der Morgenthau-Plan noch eine gewisse Wirkung in revisionistischen Kreisen und wurde genutzt, um die Entnazifizierungspolitik und die Kriegsverbrecherprozesse der Amerikaner moralisch zu delegitimieren.

Henry Morgenthau Jr. (1891–1967), US-Finanzminister von 1934 bis 1945

Kommission (European Advisory Commission) mit Sitz in London ins Leben gerufen. Deutschland sollte – das stand fest – von den Siegerstaaten besetzt und entmilitarisiert, der Nationalsozialismus als Ideologie mit Stumpf und Stiel entfernt sowie alle Kriegsverbrecher vor ein Gericht gestellt werden. Für die territoriale Neuordnung legte die Kommission in den nächsten Monaten verschiedene Entwürfe vor. Pläne einer Zerstückelung Deutschlands wurden nach und nach ad acta gelegt, da sich die Alliierten darüber nicht einigen konnten.

Stattdessen eröffnete sich eine Alternative: Deutschland sollte seine Gebiete östlich der Oder an Polen und die Sowjetunion verlieren. Der Rest des besiegten Landes war in Besatzungszonen aufzuteilen. Die

Sowjetunion erhielt dabei den Osten Deutschlands, die Briten den Nordwesten mit dem wirtschaftlich wichtigen Ruhrgebiet und die Amerikaner den Süden sowie Bremen. Später sollte schließlich noch Frankreich als vierte Siegermacht vertraglich einen Teil des zukünftigen amerikanischen und britischen Besatzungsgebiets zugesprochen bekommen. Die Hauptstadt Berlin plante man ebenfalls in vier Besatzungszonen aufzuteilen. Analog verfahren wollten die Alliierten mit Österreich und Wien.

Über die mittel- und langfristige Zukunft Deutschlands herrschte zwischen den künftigen Siegern keine Einigkeit. Ein gemeinsames deutschlandpolitisches Programm fehlte. Die Sowjetunion wollte erwartungsgemäß einen sozialistischen Staat. Seit Jahren lebten viele Kader der ehemaligen Kommunistischen Partei Deutschlands im sowjetischen Exil; sie sollten unter symbolischer Einbeziehung der Sozialdemokraten das Regierungsruder übernehmen. Außerdem wollte Moskau in seinem Besatzungsgebiet umfangreiche Reparationen einfordern, um all die Zerstörungen in der Heimat zu kompensieren.

Auch die Westalliierten entwickelten ihre Pläne für die Zukunft des besiegten Deutschlands. Das Land sollte zunächst unter alliierte Militärverwaltung gestellt werden. Anders als die Sowjetunion wollten die Westalliierten aber keine neue Regierung von oben einsetzen, sondern nach einer Phase der »Umerziehung« (*re-education*) demokratische Strukturen aufbauen.

Zwar fehlte Anfang 1945 noch ein übergreifendes alliiertes Programm für das besiegte Deutschland, doch war klar, dass der Frieden für die Deutschen sehr hart werden würde. Angesichts der brutalen NS-Besatzungspolitik in den vorhergehenden Jahren war dies allerdings kaum verwunderlich. Eine gezielte Vernichtung des deutschen Volkes war nicht geplant, doch die NS-Propaganda wurde nicht müde, dies den Alliierten zu unterstellen. Für viele Deutsche war eine militärische Kapitulation daher keine Alternative – für Hitler, sein Umfeld und seine Anhänger erst recht nicht.

↗ **Hoffnungslose Improvisation: ein »Fliegendes Jagdkommando« zur Panzerabwehr bei Breslau, 1945**

3 Die Kontrahenten

Wehrmacht, Waffen-SS und Volkssturm

Zur Jahreswende 1944/45 war die Wehrmacht ausgebrannt. In gut fünf Kriegsjahren hatten die Verluste beträchtliche Ausmaße angenommen. Über 3,6 Millionen Soldaten waren gefallen, 2,7 Millionen davon an der Ostfront. Hinzu kamen etwa 1,2 Millionen deutsche Kriegsgefangene im gegnerischen Gewahrsam. Bezeichnenderweise befanden sich mehr in der Hand der Westmächte als in der Hand der Sowjetunion. Offenbar kämpften die Wehrmachtsoldaten gegen Briten und Amerikaner häufig weit weniger verbissen als gegen die Rote Armee.

Gleichwohl hatte die Wehrmacht Anfang 1945 noch etwa 10 Millionen Mann unter Waffen. Das waren doppelt so viele wie beim Kriegsausbruch 1939 und ein Drittel mehr als 1941, auf dem Höhepunkt der »Blitzsiege«. Auch die Anzahl der Divisionen war 1945 weit höher als 1941, doch waren die jeweiligen Mannschaftsstärken deutlich zurückgegangen. Bis ins Frühjahr 1945 hinein hielt Hitler daran fest, möglichst keine Divisionen aufzulösen. Gewiss sprachen dafür auch fachliche Argumente, vor allem sollten die Stabselemente zur Führung von Verbänden intakt bleiben. In erster Linie aber konnte sich der Diktator mit seiner Generalität am Kartentisch über Fähnchen von Divisionen erfreuen, die in Wahrheit nur noch Regiments- oder Bataillonsstärke hatten.

Derlei Augenwischerei verstellte den Blick auf die Realität. Viele Offiziere, vor allem Zugführer und Kompaniechefs, sowie Spezialisten, vor allem Piloten, waren in den vergangenen Jahren gefallen. Anfang November 1944 fehlten der Wehrmacht fast 26 000 Offiziere. Bei den Unteroffizieren sah es nicht besser aus; dort fehlten 77 800 Mann, also 17 Prozent des vorgesehenen Gesamtbestands. Dass man sich mit schnelleren Beförderungen behalf, hob nicht unbedingt das Leistungsniveau. Gleichzeitig wurde die Ausbildungszeit auf allen Führungsebenen und auch bei den Mannschaften immer kürzer. Dies hatte freilich fatale Auswirkungen auf die Qualität der Wehrmacht. Die Verbände waren meist nur noch zusammengewürfelte Haufen, das Durchschnittsalter der Soldaten stieg immer weiter an. Schon zur Jahreswende 1943/44 war jeder zweite Wehrmachtsoldat über 34 Jahre alt. In den Zustandsberichten der letzten Kriegsmonate monierten praktisch alle Divisionen den schlechten Ausbildungsstand des Ersatzes sowie den mangelnden inneren Zusammenhalt in der Truppe. Besonders eklatant war das Problem bei der Infanterie, deren Verluste naturgemäß am höchsten waren.

Selbst bei den Panzer-Divisionen häuften sich die Klagen über den schlechten personellen Ersatz. Dabei genossen diese Divisionen den

Dauerhafte Verluste an der Ostfront 1941 bis 1945

Jahr	Wehrmacht/ Waffen-SS Gefallene	Wehrmacht/ Waffen-SS Gefangene	Verbündete Gefallene	Verbündete Gefangene	Rote Armee Gefallene	Rote Armee Gefangene	Verbündete Gefallene und Gefangene
1941	303 000	10 000	81 000	1 000	1 313 000	3 478 000	–
1942	507 000	87 000	136 000	51 000	2 274 000	1 669 000	–
1943	701 000	114 000	49 000	34 000	2 321 000	604 000	3 000
1944	1 233 000	524 000	110 000	228 000	1 884 000	130 000	55 000
1945	784 000	680 000	28 000	321 000	863 000	< 10 000	61 000
Gesamt	**3 528 000**	**1 415 000**	**404 000**	**635 000**	**8 655 000**	**5 890 000**	**119 000**

Vermisste fallen unter die Kategorie Gefallene.

Sämtliche Zahlen gerundet.

Quelle: Leo Lopukhovsky und Boris Kavalerchik, The Price of Victory. The Red Army's Casualties in the Great Patriotic War, Barnsley 2017, S. 133.

Vorteil, dass sie nach verlustreichen Einsätzen als Korsettstangen relativ schnell wieder materiell und personell auf Soll gebracht wurden. Die »Entmotorisierung« des Feldheers schritt Ende 1944 unaufhaltsam voran. Seit Juli 1944 hatte es keine Fahrzeuge mehr aus Neuproduktion erhalten, da diese für die von Hitler befohlenen Neuaufstellungen benötigt wurden. Überall herrschte zudem großer Treibstoffmangel. Damit fehlte eine weitere Grundlage, um erfolgreich in den Abwehrschlachten zu operieren.

Trotzdem brachte die deutsche Rüstungswirtschaft bei Kriegsende noch qualitativ hochwertige Produkte auf den Markt. So konnten zwischen dem 1. Januar und dem 10. April 1945 immerhin noch etwa 800 Maschinen des Strahlflugzeugs Messerschmitt 262 (Me 262) gefertigt werden. Allerdings war dies lediglich ein Tropfen auf den heißen Stein, wenn man diese Zahlen mit denen der Alliierten verglich. Zwar produzierte die deutsche Kriegswirtschaft im Jahr 1944 beachtliche

Ungarn, Winter 1945: Ein »Tiger« II (»Königstiger«), begleitet von Infanterie mit Sturmgewehr 44, MG 42 und Wintertarnbekleidung. Selbst gegen Kriegsende waren Wehrmacht und Waffen-SS vereinzelt noch sehr modern ausgestattet.

34 000 Flugzeuge, doch im gleichen Zeitraum waren es auf alliierter Seite fast viermal so viele: 23 000 in Großbritannien, 33 000 in der UdSSR und gar 74 000 in den USA.

Einzig bei der Kriegsmarine gab es einen kleinen Lichtblick: In der Ostsee konnte sie bis Kriegsende weitgehend die Oberhand gegen die Rote Flotte behalten. Dadurch war nicht nur die Versorgung großer eingeschlossener Truppenteile in Ostpreußen und Kurland möglich, sondern auch die Evakuierung von Verwundeten und Zivilisten. Lange Zeit glaubte Großadmiral Karl Dönitz zudem, die Ostsee als Übungsgebiet für die neuen U-Boot-Typen XXI und XXIII halten zu müssen. Diese neuen U-Boote hatten ab 1943 riesige Rüstungsressourcen verschlungen, ohne dass die Kriegsmarine eine neue »Schlacht im Atlantik« führen konnte.

Unklar ist, ob Hitler und Himmler gegen Kriegsende die Verschmelzung von Wehrmacht und Waffen-SS zu einem großen »Nationalsozialistischen Volksheer« planten. Bezeichnenderweise sprach Himmler in einem Tagesbefehl vom 14. Februar 1945 an die Offiziere seiner Heeresgruppe Weichsel von einem »Großdeutschen Volksheer«. Es gab noch eine Reihe weiterer Indizien für ein solches Vorhaben, allen voran die bei Kriegsende zahlenmäßig bedeutenden Volksgrenadier-Divisionen. Obwohl man sie im Sommer 1944 als Wehrmachtdivisionen aufgestellt hatte, waren sie truppenrechtlich und disziplinarisch Himmler unterstellt. Somit bildeten die Volksgrenadier-Divisionen eine Art »Zwitter« von Wehrmacht und Waffen-SS. Ihre Kommandeure waren häufig überzeugte Nationalsozialisten.

Während die Machtbasis des Heeres innerhalb des NS-Staats in der zweiten Kriegshälfte immer mehr dahinschmolz, konnte Himmler seine Waffen-SS zu einer ansehnlichen Streitkraft aufbauen, die bei Kriegsende 38 Divisionen und über 800 000 Mann zählte. Zudem verfügte die Waffen-SS nun über mehrere eigene Armeekorps zur operativen Kriegführung. Die ein gutes Dutzend zählenden reichsdeutschen Divisionen waren in der zweiten Kriegshälfte immer wieder als »Feuerwehr« in die großen Schlachten geworfen worden, sei es bei Kursk 1943, in der Normandie 1944 oder in den Ardennen 1944/45. Auch in den letzten Kriegsmonaten stand die Waffen-SS häufig in wichtigen Abwehrschlachten und erlitt unverhältnismäßig hohe Verluste.

Die einst selbsternannte Elite der Waffen-SS war 1944/45 ein äußerst heterogenes Gebilde. Über die Hälfte der Divisionen rekrutierte sich –

Aus dem Erinnerungsalbum eines Soldaten der Russischen Befreiungsarmee (ROA). Rechts oben der Befehlshaber der ROA, General Andrei Wlassow (1901–1946)

zumindest auf dem Papier – aus fast allen Ethnien des (einst) deutsch besetzten Europas. Hinzu kamen einige Divisionen mit »Volksdeutschen« vom Balkan. Mit seiner »europäischen« Waffen-SS demonstrierte Himmler somit nicht nur einen militärischen, sondern vor allem einen politischen Anspruch.

Ein weiteres politisches Projekt Himmlers war die Aufstellung der Russischen Befreiungsarmee (*Russkaja Oswoboditel'naja Armija*, ROA) im November 1944. In seinem Misstrauen gegen sämtliche »fremdvölkische« Verbände hatte sich Hitler lange dagegen gewehrt. Im Laufe des Kriegs entschieden sich etwa 6 Prozent der gefangenen Rotarmisten für den Kampf auf deutscher Seite, aus welchen Gründen und in welcher Form auch immer. Seit 1942 hatten die Wehrmacht und später auch die Waffen-SS verschiedene Einheiten mit ehemaligen sowjetischen Soldaten aufgestellt. Mit der ROA unter General Andrei Wlassow wurden die Soldaten erstmals einheitlich zusammengefasst. Bis Kriegsende zählte die ROA 50 000 Mann, gegliedert in zwei Divisionen, eine Reihe weiterer Verbände, eine Offizierschule und sogar eine eigene kleine Luftwaffe. Erst am 16. April 1945, als die sowjetische Abschlussoffensive auf Berlin begann, gab das Oberkommando des Heeres (OKH) im Einvernehmen mit Himmler und Wlassow die Eidesformel für die russischen Freiwilligen heraus. Der Soldat schwor, »ehrlich bis zum letzten Blutstropfen unter dem Oberbefehl des Generals Wlassow für das Wohl meines Volkes gegen den Bolschewismus [zu] kämpfen«. Die Aufstellung der ROA kam freilich viel zu spät, um noch irgendeine größere politische Strahlkraft zu entwickeln.

Ein Kennzeichen des untergehenden Dritten Reichs war die immer engere Kooperation von Partei und Wehrmacht. Gauleiter und Generalität auf höherer Ebene sowie lokale Parteifunktionäre und Wehrmachtkommandeure auf unterer Ebene sollten Hand in Hand den deutschen Heimatboden verteidigen. Symptomatisch stand hierfür auch der »Deutsche Volkssturm« ab Herbst 1944. In ihm sollten alle 16- bis 60-jährigen Männer dienen, die bisher nicht zur Wehrmacht, Waffen-SS oder Polizei eingezogen worden waren. Die Verantwortung für Ausrüstung und Ausbildung des Volkssturms lag bei Himmler, die Organisation und Aufstellung hingegen bei den Gauleitern, wodurch die Partei – zumindest theoretisch – direkten Zugriff auf 13 Millionen Männer hatte. Auch wenn bis Kriegsende letztlich nur 450 000 Mann im Volks-

Werbeplakat für den Deutschen Volkssturm mit dem propagandistischen Zerrbild von Vater und Sohn im gemeinsamen Kampf

sturm dienten, so bedeutete dies für die Partei einen enormen Machtgewinn und eine weitere Möglichkeit, die deutsche Bevölkerung in den letzten Kriegsmonaten zu kontrollieren.

Den ideologischen Unterbau und das historische Vorbild boten die Befreiungskriege von 1813/15 gegen die französische Fremdherrschaft. Der Volkssturm sollte einen revolutionären nationalsozialistischen Volkskrieg führen. »Jeder Kilometer, den sie in unser Land vordringen wollen, wird sie Ströme ihres Blutes kosten«, tönte Himmler in seiner Radioansprache vom 18. Oktober 1944 zur Aufstellung des Volkssturms. Symbolträchtig fand die Vereidigung der ersten Volkssturmmänner am 9. November statt, dem Jahrestag des gescheiterten Hitler-Putsches 1923 in München.

Die Realität sah anders aus. Der Volkssturm war schlecht ausgebildet und ausgerüstet. Eine Uniformierung war aus Kostengründen nicht mehr möglich. So erhielten die Männer lediglich eine Armbinde mit dem Aufdruck »Deutscher Volkssturm. Wehrmacht«, um als Kombattanten im Sinne der Haager Landkriegsordnung anerkannt zu werden. Die Volkssturmverbände wurden nur bis auf Bataillonsebene aufgestellt und im Einsatz meist dem örtlichen Wehrmachtkommandeur unterstellt. Die Rekrutierung und auch der Einsatz sollten eigentlich stets nach der Herkunftsgegend der Männer erfolgen, damit sie im wahrsten Sinne des Worts ihre unmittelbare Heimat verteidigten. Im Normalfall sollten sie im rückwärtigen Gebiet sowie in der Ortsverteidigung eingesetzt werden, nur im Ausnahmefall an vorderster Front. Das hatten Himmler, Bormann und Keitel gemeinsam festgelegt.

Im Einsatz erbrachten die Volkssturmverbände nur in den seltensten Fällen die von den NS-Machthabern gewünschten militärischen Leistungen. Beim Anrücken von Briten und Amerikanern lösten sich die Einheiten sofort auf, so dass sie der Wehrmacht mehr zur Last fielen als eine Stütze waren. Lediglich im Osten des Reichs boten einige Volkssturmverbände der Roten Armee die Stirn, so auch in den Straßen Berlins.

Bis heute hält sich hartnäckig ein NS-Propaganda-Bild vom Volkssturm: Der Familienvater sitzt mit dem 16-jährigen Buben gemeinsam im Schützenloch. In der Realität waren aber die Familienväter im Volkssturm weitgehend unter sich: 90 Prozent der Volkssturmmänner waren Jahrgang 1905 oder älter. Die meisten Jungen waren nämlich bereits zu

Eine Krankenschwester des Deutschen Roten Kreuzes beim Einsatz nach einem Luftangriff, Berlin im Februar 1945. Bis zum Schluss hielt das Deutsche Reich daran fest, Frauen in keinen Kampfeinsatz zu schicken.

Wehrmacht oder Waffen-SS eingezogen worden. Diese Alterszusammensetzung ist noch für eine weitere Beobachtung wichtig. Insgesamt – so die Schätzungen – kamen 78 000 Angehörige des Volkssturms ums Leben. Im Kampf hatte der Volkssturm vergleichsweise geringe Verluste, ganz im Gegensatz zur anschließenden Gefangenschaft: Viele ältere Männer starben entkräftet in sowjetischem Gewahrsam.

Aller Personalnot zum Trotz – an einem Grundsatz hielt das Dritte Reich praktisch bis zum Schluss fest: Frauen durften weder im Gefechtsgebiet eingesetzt noch – außer zur Selbstverteidigung im Einzelfall – an der Waffe ausgebildet werden. Krieg an vorderster Front war eine Domäne der Männer. So blieb es »oberster Grundsatz [...] für den deutschen Soldaten, den Schutz der deutschen Frau [...] sicherzustellen«, wie Hitler Ende März 1945 noch einmal deutlich befahl. In Berlin gab es Ende April 1945 allerdings Einzelbeispiele von Frauen im freiwilligen Kampfeinsatz, wie *Der Panzerbär. Kampfblatt für die Verteidiger Groß-Berlins* in seiner Ausgabe vom 29. April 1945 zu berichten wusste. Frauen seien »hart, hart wie ihre Männer, Väter und Brüder es in langen Kriegsjahren an den Fronten geworden sind«. Dennoch stellte auch *Der Panzerbär* fest, dass das »Haupttätigkeitsfeld für die Frau im Kriege« in erster Linie das Rote Kreuz sei.

Rote Armee

Seit dem Winter 1941/42 begann sich die Rote Armee von einer Verlierer- zu einer Siegerarmee zu entwickeln. Zu Beginn des deutschen Überfalls 1941 hatte sie die Spätfolgen der stalinistischen Säuberungen 1937/38 noch nicht überwunden. Fast zwei Drittel der Generalität waren damals als »konterrevolutionäre Elemente« oder »Verräter« ermordet worden, darunter auch Marschall Michail Tuchatschewski, einer der wichtigsten Militärtheoretiker der Zwischenkriegszeit. Er war der Vater der »Tiefen Operationen«, der zentralen Doktrin der Roten Armee für die operative Kriegführung, die seit 1936 Teil des sowjetischen Felddienstreglements war.

Die »Tiefen Operationen« ähnelten in einigen Punkten der deutschen Panzerdoktrin. Beiden war die klare Schwerpunktbildung der Kräfte ebenso gemein wie das Gefecht der verbundenen Waffen. Hinzu kam das schnelle Ausnutzen eines Durchbruchs mit gezieltem Vorstoß gepanzerter Kräfte in die Tiefe des gegnerischen Raums, wie der Name bereits nahelegt. Anders als die deutschen rechneten die sowjetischen Planer allerdings mit keiner singulären Entscheidungsschlacht. Vielmehr waren die »Tiefen Operationen« eine Reihe von Operationen, in denen der Gegner mürbe gemacht und anschließend pausenlos verfolgt werden sollte. Im Gegensatz zur Wehrmacht war auch das Ausmanövrieren des Gegners an den Flanken nicht unbedingt ein Kennzeichen der sowjetischen Doktrin. Im Zentrum stand vielmehr der brachiale Durchbruch mit überlegener Feuerkraft durch die Front des Gegners.

1940/41 galten die »Tiefen Operationen« jedoch noch als geistiges Produkt »konterrevolutionärer Elemente«. Erst angesichts der zahlreichen Niederlagen gegen die Wehrmacht kehrten sie ab 1942 in die sowjetische Militärdoktrin zurück. Es dauerte aber noch zwei weitere Jahre, bis die Rote Armee die »Tiefen Operationen« erfolgreich umsetzen konnte. Vollends gelang dies bei der Operation »Bagration«, der Zerschlagung der deutschen Heeresgruppe Mitte in Weißrussland im Sommer 1944. Die sowjetischen Offensiven des Jahres 1945 bildeten weitere Paradebeispiele dafür. Dabei steigerte die Rote Armee auch das Operationstempo immer mehr, so dass die Geschwindigkeit ihrer Siege an die »Blitzfeldzüge« der Wehrmacht aus der Anfangsphase des Kriegs erinnerte. Die »Tiefen Operationen« waren ein wichtiger Faktor für den Erfolg der Roten Armee.

Meist waren die »Tiefen Operationen« Aufgabe der Heeresgruppe, der sowjetischen »Front«. Kennzeichnend war eine Staffelung der Angriffsverbände. Die 1. Staffel sollte meist mit Stoß-Armeen das gegnerische Verteidigungssystem aufbrechen. In einem engen Durchbruchsabschnitt sollten Artillerie, Luftwaffe und Panzer den Gegner regelrecht niederwalzen. War der Durchbruch erzielt, kam die 2. Staffel zum Einsatz. Sie sollte mit motorisierten und gepanzerten Kräften weit hinter die gegnerischen Linien vordringen, dessen Reserven vernichten und die logistische Basis zerstören. Der Gegner sollte dabei nicht zur Ruhe kommen, die angreifende Front musste stets fest die Initiative auf dem Schlachtfeld in der Hand behalten.

Besonders die sowjetische Artillerie entwickelte eine unglaubliche Zerstörungskraft und war der Wehrmacht allein schon zahlenmäßig weit überlegen. Die anfangs von Hitler befohlene Vorwärtsverteidigung

Sowjetische Panzer mit aufgesessener Infanterie bei Cherson, Ukraine, Frühjahr 1944. Im Laufe des Kriegs konnte die Rote Armee ihre Doktrin der »Tiefen Operationen« immer besser umsetzen. Der Panzerwaffe fiel dabei eine wichtige Rolle zu.

führte lediglich zu weiteren hohen deutschen Verlusten. Erst langsam ging die Wehrmacht dazu über, die vordersten Linien nur noch schwach zu besetzen.

Trotzdem unterschätzten Teile der Wehrmacht selbst noch bei Kriegsende häufig die Rote Armee. Anfang Februar 1945 schrieb die deutsche 9. Armee dazu einen sehr kritischen Bericht und warnte davor, weiterhin den Gegner kleinzureden. So hieß es dort: »Die sowjetische Panzerwaffe stellt [...] eine in jeder Hinsicht ernst zu nehmende Waffe des Gegners dar.« In der Tat wusste die Rote Armee ihre Panzerwaffe in den »Tiefen Operationen« immer effizienter einzusetzen. Vor allem genoss die Rote Armee einen großen quantitativen Rüstungsvorsprung gegenüber der Wehrmacht.

Qualitativ hingegen waren die sowjetischen Modelle den deutschen häufig unterlegen. Der berühmte T-34 – 1941/42 noch ein Garant der Siege – war im vierten Kriegsjahr immer noch der Standardpanzer, konnte aber mit den deutschen Pendants nicht mehr so recht mithalten,

Ein sowjetischer IS-2 Panzer in Posen, Februar 1945. Der IS-2 erreichte deutlich höhere Produktionszahlen als seine deutschen Pendants »Panther« und »Tiger«.

auch wenn die neue T-34–85 Variante über eine stärkere Panzerung und vor allem ein größeres Kaliber verfügte. Als Antwort auf die deutschen »Panther« und »Tiger« entwickelte die Sowjetunion den IS-2 als schweren Kampfpanzer. Mochte der IS-2 im direkten Vergleich auch etwas schwächer als die deutschen Modelle sein, die Quantität erwies sich als ausschlaggebend. 1944/45 wurden über 3500 Stück produziert; das war in etwa doppelt so viel wie die Produktion von »Tiger I« und »Tiger II« zusammen.

In der Schlacht von Moskau 1941 hatte die Rote Armee nur auf vergleichsweise wenige Panzer zurückgreifen können, die noch dazu häufig aus britischer und amerikanischer Produktion stammten (Leih- und Pachtgesetz / *Lend-Lease Act*). Damals konnte sich der sowjetische Diktator Josef Stalin aber auf ein schier unerschöpfliches Reservoir an neuen Soldaten verlassen. Anfang 1945 hatten sich die Verhältnisse genau umgekehrt. Die Rote Armee war zwar inzwischen reichlich mit Panzern und anderen Waffensystemen ausgestattet; auch ihre Luftstreitkräfte konnten seit einiger Zeit gegen die Luftwaffe die Oberhand gewinnen. Doch die Ressource Mensch wurde in Stalins Reich knapper. Die Rote Armee musste bis Ende 1944 horrende Verluste hinnehmen, die stets die der Deutschen um ein Vielfaches überstiegen. Dennoch opferten Stalin und die meisten seiner Generäle auch in den letzten Operationen des Zweiten Weltkriegs weiterhin ihre Soldaten ohne Rücksicht auf Leib und Leben – selbst in verlustreichen Stadtkämpfen wie in Königsberg, die militärisch bisweilen nur bedingt Sinn ergaben.

Diese hohen Verluste gingen auch auf Defizite in den unteren Führungsebenen zurück. Eigeninitiative war in der totalitären Sowjetunion nicht erwünscht, sie galt sogar mitunter als politisch gefährlich. Diese Haltung übertrug sich auf die Armee, deren untere Führung oft statisch und wenig flexibel agierte. Der einzelne Rotarmist hingegen kämpfte sehr häufig verbissen, todesmutig und hatte eine hohe Leidensbereitschaft. Die Wehrmacht erkannte dies in ihren Erfahrungsberichten an, wenngleich sie das auch immer wieder mit rassistischen Stereotypen vom »asiatischen Untermenschen« oder vom »seelenlosen Kampfroboter« erklärte.

Kennzeichen der Roten Armee war auch ihr brutales Disziplinierungssystem. Nach offiziellen Zahlen wurden im Krieg knapp 63 000 Soldaten zum Tode verurteilt und hingerichtet. Unklar bleibt bis heute, wie viele Soldaten ohne Kriegsgerichtsurteil exekutiert wurden. Schätzungen gehen von bis zu 100 000 Opfern oder mehr aus; hinzu kamen zahlreiche Strafbataillone, die häufig in »Himmelfahrtskommandos« verheizt wurden. Freilich war dies eher ein Phänomen der frühen Phase des Ostkriegs, als die Rote Armee noch mit dem Rücken zur Wand stand. Generell war die Kampfmoral der Soldaten hoch, solange es um die Befreiung der Heimat von der deutschen Gewaltherrschaft ging. Dennoch meldete die Wehrmacht, dass selbst 1945 noch jeder sechzehnte sowjetische Gefangene ein Überläufer war. Brutaler Zwang, Kontrolle und Furcht charakterisierten also auf der einen Seite die Mentalität der Roten Armee, auf der anderen aber auch grenzenlose Hingabe und Opferbereitschaft.

Als die Rote Armee 1943/44 Stück für Stück nach Westen vorstieß, rekrutierte sie in der befreiten Heimat umgehend alle jungen Männer; die hohen Verluste ließen ihr kaum eine andere Wahl. Bezeichnend war auch, dass diese Praxis beim Vormarsch auf deutschem Reichsgebiet beibehalten und modifiziert wurde. Nun waren es die befreiten Kriegsgefangenen und »Ostarbeiter«, die man sofort in die Reihen der vorrückenden Roten Armee integrierte.

Auch griff die Rote Armee auf ein weiteres Personalreservoir zurück: die Frauen. Insgesamt dürften etwa 900 000 Frauen in irgendeiner Form während des Kriegs in den sowjetischen Streitkräften gedient haben. Zunächst verrichteten sie ihren Dienst ausschließlich hinter der Front und setzten damit Kapazitäten für den Frontdienst vieler männlicher Soldaten frei. Auch an der Front selbst kamen Frauen später zum Einsatz, wenn auch nur vereinzelt.

Nachdem die sowjetischen Soldaten 1941 noch weitgehend ohne verbündete Armeen ihre Heimat verteidigt hatten, änderte sich dies Anfang 1945. Die neuen sozialistischen Regierungen in Osteuropa schickten sich an, möglichst schnell ihre Soldaten an der Seite der Sowjetunion gegen das Deutsche Reich kämpfen zu lassen. Besondere Be-

Soldaten der 1. Polnischen Armee setzen Mitte April 1945 die neuen Grenzpfähle an der Oder. Die polnischen Streitkräfte der sozialistischen Regierung waren die einzigen bedeutenden Verbündeten der Roten Armee während der Operationen 1944/45.

deutung genoss die Polnische Volksarmee mit ihren gut 350 000 Mann bei Kriegsende. Die polnische 1. Armee kam 1944/45 bei den wichtigsten Operationen zum Einsatz: Bei der Operation »Bagration« im Sommer 1944, bei der Winteroffensive an der Weichsel 1945 sowie bei der »Berliner Operation« im April/Mai 1945.

↗ Soldaten der 5. Garde-Panzerarmee erobern Ende Januar 1945 Mühlhausen (heute Młynary) in Ostpreußen.

4 Der militärische Zusammenbruch des Deutschen Reichs

Der sowjetische Durchbruch an der Weichsel im Januar 1945

Es war nicht so, dass die Wehrmacht von der großen sowjetischen Winteroffensive überrascht worden wäre. Im Gegenteil: Die Feindaufklärung der deutschen Heeresgruppe A, geführt von Generaloberst Josef Harpe, hatte Zeitpunkt und Ort des Angriffs ziemlich exakt vorhergesehen. Maßnahmen zur Evakuierung der deutschen Verwaltung im besetzten Polen sowie Zerstörungen waren seit Jahresbeginn systematisch vorbereitet worden (Unternehmen »Entlausung«). Ebenso hatte Harpes Stab operative Überlegungen für die kommende Abwehrschlacht ausgearbeitet, das Unternehmen »Schlittenfahrt«. Demnach sollte sich die Wehrmacht zu Beginn der sowjetischen Offensive sofort bis zu 50 Kilometer zurückziehen, um den Feind ins Leere laufen zu lassen. Anschließend sollten gepanzerte Reserven den sowjetischen Gegner in den Flanken angreifen und die Initiative auf dem Schlachtfeld wiedergewinnen. Es war das klassische »Schlagen aus der Nachhand«, mit dem die Wehrmacht die Ostfront in den vergangenen Monaten immer stabilisiert hatte. Die Heeresgruppe A gab für »Schlittenfahrt« gleichwohl zu bedenken, dass das aufgegebene Gelände wohl nicht mehr in vollem Umfang wiedergewonnen werden könne.

Am 29. Dezember 1944 präsentierte Harpes Stabschef, Generalmajor Wolfdietrich Ritter von Xylander, den Plan von »Schlittenfahrt« im

Heinz Guderian (links) mit dem Oberbefehlshaber der Heeresgruppe A, Josef Harpe, und dessen Stabschef, Wolfdietrich von Xylander, bei einer Besprechung am 7. Januar 1945. Guderian lehnte dabei die Verteidigungspläne der Heeresgruppe (Unternehmen »Schlittenfahrt«) ab.

OKH. Der Chef des Generalstabs des Heeres, Generaloberst Heinz Guderian, sowie andere anwesende Offiziere erkannten zwar dessen militärischen Vorteile, lehnten ihn aber letztlich ab. Dafür gab es nur einen Grund: ihre Rücksichtnahme auf Hitler. Die Erfahrungen der letzten Jahre hatten gezeigt, dass der Oberste Befehlshaber der Wehrmacht einmal erobertes Gelände nicht aufgeben wollte. Freilich hatte es immer wieder Ausnahmen wie beim Rückzug aus Frankreich im August 1944 gegeben. Hitler vertraute aber weitgehend auf die Verteidigung »Fester Plätze« und »Festungen«, die wie Wellenbrecher die gegnerischen Angriffe stoppen sollten. Der Kommandant sei »Herr über Leben und Tod aller in der Festung befindlichen Personen. Er darf nicht kapitulieren«, hieß es in seiner Anweisung. So waren auch im Osten Städte wie Posen oder Thorn zu »Festungen« erklärt und einige Verteidigungslinien notdürftig gebaut worden.

Zehn Tage später, also fünf Tage vor Beginn der sowjetischen Offensive, besuchte Guderian den Stab der Heeresgruppe A in Krakau. Xylander verwies auf eine Reihe von Defiziten, allen voran auf die schlechte Betriebsstofflage sowie auf die schwache Besetzung der Front im Vergleich zu anderen Heeresgruppen; Infanterie fehlte an allen Ecken und Enden. Zudem kam das Gespräch erneut auf das Unternehmen »Schlittenfahrt«. Wiederum lehnte Guderian alle Anträge ab. Die Heeresgruppe sollte auch keine Verstärkung erhalten, denn sämtliche verfügbaren Reserven sollten nicht der Heeresgruppe A zugehen, sondern das seit wenigen Tagen eingeschlossene Budapest entsetzen. Es war offensichtlich: Guderian und das OKH verstanden sich nur noch als Erfüllungsgehilfen Hitlers. Die große Gefahr einer sowjetischen Offensive an der Weichsel wollten sie nicht sehen.

Am frühen Morgen des 12. Januar 1945 war es so weit: Wie von der Heeresgruppe A vorausgesagt, begann der Angriff der Roten Armee aus dem Brückenkopf bei Baranow an der unteren Weichsel. Daran beteiligt waren die 1. Ukrainische Front unter Marschall Iwan Konew sowie zwei Tage später weiter nördlich die 1. Weißrussische Front unter Marschall Georgi Schukow. Die beiden sowjetischen Fronten umfassten etwa 2,2 Millionen Mann mit 33 500 Geschützen und Granatwerfern, 7000 Panzern und Selbstfahrlafetten sowie 5000 Kampfflugzeugen. Obgleich Harpe seine Kräfte im richtigen Frontabschnitt zusammengezogen hatte, konnte er gegen diese beiden Fronten insgesamt nur 300 000

Mann, 15 000 Artilleriegeschütze sowie gut 1100 Panzer und Sturmgeschütze aufbieten.

Der sowjetische Angriff war von langer Hand geplant und sah eine klassische Abfolge mehrerer Offensiven vor, die »Tiefen Operationen«. Denn neben Schukows und Konews Fronten griffen am 13. Januar auch die 2. und 3. Weißrussische Front unter Marschall Konstantin Rokossowski und General Iwan Tschernjachowski von Westen und Süden nach Ostpreußen an. In dieser alten deutschen Provinz erwartete die Rote Armee eine besonders starke deutsche Verteidigung.

Die sowjetische Offensive erzielte schneller Erfolge als geplant. Bereits am ersten Tag waren Konews Truppen auf einer Breite von 45 Kilometern über 20 Kilometer tief in die deutschen Verteidigungsstellungen eingebrochen. Drei Tage später analysierte das OKH, dass sich die bisherigen Erkenntnisse über die Feindabsichten in allen Punkten voll bestätigt hatten. Jedoch könne der Durchbruch aus dem Baranow-Brückenkopf mit den bisherigen Kräften der Ostfront nicht aufgefangen werden. An diesem Tag gelang der Roten Armee auch der operative Durchbruch, die deutsche Verteidigung löste sich auf.

Guderian erkannte nun endlich den Ernst der Lage und forderte bei Hitler Verstärkung für die schwer bedrängte Heeresgruppe A an, zunächst noch erfolglos. Mittlerweile waren die Reste der deutschen 9. Armee westlich von Radom eingeschlossen, doch gelang es den meisten Soldaten, sich in den kommenden Tagen als »wandernde Kessel« nach Westen durchzuschlagen.

Auch in Warschau spitzte sich die Lage zu. Als Guderian am Abend des 16. Januar Hitler über die Aufgabe der polnischen Hauptstadt informierte, verlangte dieser die sofortige Rücknahme der Befehle – zu spät. Für Hitler war das ein weiterer Beweis, dass er dem Heer nicht trauen konnte. Wenige Tage später befahl er daher, dass zukünftig jede operative Bewegung, jeder Angriff auf Divisionsebene, jede Absetz- oder Rückzugsbewegung sowie jede Aufgabe einer Verteidigungsstellung so frühzeitig gemeldet werden musste, dass er persönlich noch einen Gegenbefehl geben konnte. In seiner Kontrollmanie konzentrierte Hitler sich nur noch auf das militärische Mikromanagement.

Für den sowjetischen Durchbruch an der Weichsel mussten Schuldige gefunden werden. Es traf die Oberbefehlshaber der Heeresgruppen A (fortan: Mitte) und Mitte (fortan: Nord): Generaloberst Josef Harpe

Sowjetische Infanterie und Panzer in den Ruinen einer ostpreußischen Ortschaft

und Generaloberst Georg-Hans Reinhardt. Ersetzt wurden sie durch die Generalobersten Ferdinand Schörner und Lothar Rendulic. Beide galten als besonders NS-treue Scharfmacher und waren gnadenlose Disziplinfanatiker, die vor brutalsten Methoden gegen wirkliche und vermeintliche Deserteure nicht zurückschreckten. Nicht umsonst hieß Schörner bei seinen Soldaten »Bluthund«. Er hatte zudem den Ruf, seine Leute zu »verheizen«. Im März 1945 befahl er, »durch rigorose Sperrung von Artilleriemunition die Infanterie endlich zum Einsatz ihrer eigenen Waffen zu zwingen«. In einem industrialisierten Krieg, in dem die meisten Toten auf Artilleriewirkung zurückgingen, war dies fast schon ein Todesurteil für die eigene Truppe.

Hitler hatte gerade deshalb eine hohe Meinung von Schörner und konnte sich gut mit dem Frontoffizier und Pour-le-mérite-Träger identifizieren. Dank dieses Vertrauensverhältnisses konnte Schörner wiederum seinem obersten Feldherrn ungeschönt die Wahrheit sagen, vermittelte diese aber stets mit Optimismus. Von solcher Zuversicht wollte die NS-Führung in der aussichtslosen Lage durchaus hören. Anders ausgedrückt: Mit dieser Masche konnte Schörner Hitler und auch Goebbels

Der sowjetische Vorstoß zwischen Weichsel und Oder vom 12. Januar bis 2. Februar 1945

Unterstellte deutsche Armeen

HGr. Mitte bzw. Nord:
3. Pz.Armee
4. Armee
2. Armee (bis 24.1.)

HGr. A bzw. Mitte:
9. Armee (bis 24.1.)
4. Pz.Armee
17. Armee
(1. Pz.Armee)

HGr. Weichsel:
2. Armee
9. Armee

Frontverlauf 12.1.1945
Frontverlauf 2.2.1945

0 100 km

Unterstellte sowjetische Armeen

1. Baltische Front
51. Armee
43. Armee

3. Weißrussische Front
39. Armee
5. Armee
28. Armee
2. Garde-Armee
31. Armee
11. Garde-Armee
I. Pz.Korps
II. Garde-Pz.Korps

2. Weißrussische Front
50. Armee
49. Armee
48. Armee
2. Stoß-Armee
65. Armee
70. Armee
3. Armee
5. Garde-Pz.Armee
III. Garde-Kav.Korps
VIII. mech. Korps
VIII. Garde-Korps
I. Garde-Pz.Korps

1. Weißrussische Front
47. Armee
1. poln. Armee
61. Armee
5. Stoß-Armee
8. Garde-Armee
69. Armee
33. Armee
3. Stoß-Armee
2. Garde-Pz.Armee
1. Garde-Pz.Armee
II. Garde-Kav.Korps
VII. Garde-Kav.Korps
XI. Pz.Korps
IX. Pz.Korps

1. Ukrainische Front
6. Armee
3. Garde-Armee
52. Armee
13. Armee
5. Garde-Armee
60. Armee
4. Pz.Armee
3. Garde-Pz.Armee
59. Armee
21. Armee
XXV. Pz.Korps
XXXI. Pz.Korps
IV. Garde-Pz.Korps
VII. mech. Garde-Korps
I. Garde-Kav.Korps

4. Ukrainische Front
38. Armee
(1. Garde-Armee)
(18. Armee)

Quellen: Lagekarte OKH, 12.1.1945, BArch, Kart RH2 Ost/1298; Lagekarte OKH, 2.2.1945, ZMSBw; Lakowski, Ostpreußen 1944/45; Lakowski, Schlesien.

regelrecht manipulieren und damit in der Schlussphase des Kriegs eine rasante militärische Karriere bis zum Generalfeldmarschall hinlegen.

Noch etwas teilten Hitler und Schörner: ihre Verachtung gegenüber der »Etappe« sowie gegenüber den Generalstabsoffizieren, die für Schörner nur »wenig kühne Rechner« waren. Wie er sich dagegen den Krieg vorstellte, gab er am 25. Januar in einem Befehl bekannt: »Wir führen keinen behäbig bürgerlichen, sondern einen erbitterten asiatischen Krieg; und wir gewinnen ihn.« Und nur drei Tage später: »Heute muss der fanatische Hass gegen den Feind – nicht ›Gegner‹ – jeden deutschen Mann beherrschen.« Offenbar war für Schörner die Brutalisierung der deutschen Kriegführung im Osten noch längst nicht ausreichend.

In der Krisensituation befahl Hitler einen weiteren Führungswechsel. Am 21. Januar ließ er die Heeresgruppe Weichsel neu aufstellen, um einerseits eine Einkesselung Ostpreußens zu verhindern und andererseits »hinter der gesamten Ostfront auf deutschem Boden die nationale

Hitler mit Generaloberst Ferdinand Schörner im »Führerbunker«, vermutlich Januar 1945. In den letzten Kriegsmonaten verband beide ein enges Vertrauensverhältnis.

Verteidigung zu organisieren«. Ein solcher Doppelauftrag war ungewöhnlich, aber aus Sicht der NS-Führung sinnvoll, denn diese Heeresgruppe Weichsel sollte niemand Geringeres als der Reichsführer-SS Himmler führen. Zwar hatte sich dieser in den vergangenen Wochen als Oberbefehlshaber der Heeresgruppe Oberrhein nicht unbedingt durch militärischen Sachverstand ausgewiesen, aber der schien im untergehenden Dritten Reich nur noch zweitrangig zu sein. Wille, Glaube, Brutalität, vor allem aber unbedingte Loyalität waren nun die Qualifikationskriterien.

Bemerkenswert war auch, wen Himmler zum Stabschef seiner Heeresgruppe ernannte: SS-Gruppenführer Heinz Lammerding. Die von Letzterem einst geführte 2. SS-Panzer-Division »Das Reich« hatte sich 1944 als besonders grausamer Großverband im Partisanenkampf in Frankreich hervorgetan. Ansonsten war das Oberkommando der Heeresgruppe mit Offizieren von Wehrmacht und Waffen-SS gemischt besetzt. Am 2. Februar erhielt Himmler den Auftrag, die Abwehr an der Oder zu organisieren. Ihren Namen »Weichsel« behielt die Heeresgruppe, obwohl dieser Fluss mittlerweile mehrere hundert Kilometer entfernt war.

Auch militärisch tat sich etwas. Am 22. Januar befahl Hitler endlich die Verlegung der 6. Panzer-Armee mit gut sieben Divisionen von der West- an die Ostfront. Er schickte sie allerdings nach Ungarn, um die dortigen Ölfelder zu sichern. Die stark bedrängten Heeresgruppen Mitte und Nord erhielten hingegen kaum Verstärkung. Unaufhaltsam eroberte die Rote Armee Polen und drang auf Reichsgebiet vor, viel schneller als ursprünglich geplant. Interessanterweise berichtete das OKH über die Kämpfe in der »Festung« Posen, dass die einheimische polnische Stadtbevölkerung der deutschen Truppe helfe, sei es durch aktive Teilnahme am Kampf, sei es durch Unterstützung in der Versorgung. Auch die polnische Landbevölkerung war laut diesem Bericht den deutschen Soldaten gegenüber »sehr hilfsbereit«. Das war natürlich nur ein Einzelfall; generell war die polnische Bevölkerung froh, die brutale und verhasste deutsche Besatzungsherrschaft endlich loszuwerden. Gleichzeitig aber waren viele Polen skeptisch, ob die Ankunft der Roten Armee ihnen wirklich die Befreiung bringen würde.

Am 31. Januar morgens setzten dann Teile von Schukows 1. Weißrussischer Front über die zugefrorene Oder. Den Anfang machte die

Bereits Ende Januar 1945 erreichten die Spitzen der Roten Armee die Oder. Das Bild zeigt Pioniere, die im Eiswasser eine Brücke bauen, vermutlich im Februar 1945.

5. Stoß-Armee nördlich von Küstrin; zwei Tage später bildete die 8. Garde-Armee südlich von Küstrin bei Reitwein einen weiteren Brückenkopf. Berlin schien ihnen mit einem Male sehr nah. Schien – denn erstens waren Schukows Nachschubwege mittlerweile weit überdehnt. In nur drei Wochen war seine 1. Weißrussische Front über 500 Kilo-

meter vorgedrungen – ein ungeheures Tempo. Zweitens war den sowjetischen Planern ein direkter Stoß nach Berlin noch zu riskant. An der rechten Flanke, in Pommern und Westpreußen, standen nämlich noch immer beträchtliche deutsche Verbände der 2. Armee. Am 15. Februar befahl daher das oberste sowjetische Hauptquartier, die Stavka, den künftigen Schwerpunkt gegen diesen »Ostseebalkon« zu richten. Ein Großteil der sowjetischen Verbände wurde von der Oder abgezogen.

Nicht nur Schukows Front siegte im Januar 1945. Nördlich von ihm hatten die 2. Weißrussische Front (Rokossowski) und die 3. Weißrussische Front (Tschernjachowski) einen Großteil von Ostpreußen erobert. Seit Anfang Februar war dort die deutsche 4. Armee unter General Friedrich-Wilhelm Müller eingeschlossen, hielt aber noch Restgebiete entlang der Küste, darunter die Hauptstadt Königsberg. Südlich von Schukows Front hatte Konews 1. Ukrainische Front das oberschlesische Industriegebiet eingenommen, lief sich dann aber in Schlesien gegen Schörners Heeresgruppe Mitte fest.

Der Verlust des oberschlesischen Industriegebiets war für die deutsche Kriegsindustrie ein weiterer herber Schlag. Hitler unterzeichnete am 23. Januar 1945 ein »Notprogramm für die Rüstungsendfertigung«, um die Zeit bis zur Rückeroberung Oberschlesiens sowie bis zum Wiederaufbau des durch die westalliierten Luftangriffe zerstörten Ruhrgebiets zu überbrücken – so zumindest die offizielle Sprachregelung. Demnach sollte die Produktion zahlreicher Waffensysteme auslaufen, darunter auch des Panzers V »Panther« und sämtlicher Sturmgeschütze. Gleichzeitig erklärte Speer intern, dass aus rüstungstechnischer Sicht der Krieg verloren sei – eine vollkommen richtige, aber viel zu späte Einschätzung. Irgendwelche Konsequenzen zog man daraus allerdings nicht.

Hitler hielt stattdessen am 30. Januar seine letzte Rundfunkansprache; es war der 12. Jahrestag der »Machtergreifung«. Er verwies auf die Erfolge des Nationalsozialismus, die Notwendigkeit des Kampfs gegen die »jüdisch-internationale Weltverschwörung« sowie gegen das »Bürgertum« und appellierte an den Willen des deutschen Volkes, die derzeitigen Schwierigkeiten zu meistern. Zum Schluss beschwor er die Formel der »alten Kämpfer« des Nationalsozialismus: »Und ihr habt doch gesiegt!« Mehr als platte Worthülsen hatten Hitler und das Dritte Reich für die Deutschen nicht mehr zu bieten.

Die Befreiung des Konzentrationslagers Auschwitz

Das Vernichtungslager Auschwitz-Birkenau gilt heute als Synonym für die nationalsozialistische Vernichtungspolitik und den Holocaust. Nachdem es 1940 als Repressionslager gegen polnische Oppositionelle errichtet worden war, wurde Auschwitz ab Juli 1942 zum zentralen Tötungsort für Juden, die aus den deutsch besetzten Ländern Europas in das Lager deportiert wurden. Insgesamt ermordete die SS im gesamten Lagerkomplex Auschwitz etwa 1 Million Menschen. 700 000 Opfer waren Juden, die sofort nach Ankunft und Selektion in die Gaskammern getrieben wurden. Weitere 200 000 Juden und 100 000 Nichtjuden starben meist bei den Arbeiten aus Entkräftung.

Im November 1944 stellte die SS-Lagerleitung die Massenmorde durch Giftgas ein, nachdem es zu einem Aufstand der Häftlinge gekommen war. Beim Herannahen der Roten Armee wurden 58 000 überlebende Häftlinge ins Reich verschleppt. Als die sowjetische 322. Infanterie-Division am 27. Januar 1945 das Konzentrationslager Auschwitz befreite, befanden sich dort nur noch 7000 Menschen. Der Jahrestag der Befreiung ist seit 1996 in Deutschland und seit 2005 international der offizielle »Tag des Gedenkens an die Opfer des Nationalsozialismus«.

Eine Gruppe überlebender Kinder des Konzentrationslagers Auschwitz nach der Befreiung durch die Rote Armee, 27. Januar 1945

Die Entwicklung an der Ostfront von Februar bis April

Die Wehrmacht hatte an der Weichsel eine vernichtende militärische Niederlage erlitten. Das war aber nicht die einzige Katastrophe. Auch die Versorgung mit Treibstoff versiegte nun endgültig. Nach dem Verlust der rumänischen Erdölfelder von Ploieşti im August 1944 waren bis Frühjahr 1945 praktisch sämtliche Importe von Mineralölprodukten weggefallen; diese hatten im ersten Quartal 1944 noch bei 750 000 Tonnen gelegen. Auch die Angriffe der US Army Air Forces auf die Treibstoffindustrie zeigten Wirkung. Produzierte die deutsche Mineralölindustrie im März 1944 noch monatlich 415 000 Tonnen an Flug- und Kfz-Benzin sowie Dieselöl, so fiel diese Zahl genau ein Jahr später auf 78 000 Tonnen.

Dieser Treibstoffmangel lähmte die deutsche Kriegführung – zu Lande und in der Luft. So berichtete die 7. Panzer-Division Anfang Februar 1945, dass die eigenen Panzer ohne Sprit bewegungsunfähig seien; sobald die Munition verschossen sei, würden die Panzer von den sowjetischen Truppen schlichtweg überrollt. Einen Monat später meldete die gleiche Division: »Geringe und meist spät zugeführte Betriebsstoffmenge ermöglicht selten Ausnützung günstiger taktischer Lagen.« Dies waren wohlgemerkt Meldungen einer Panzer-Division – einer Division also, die von der höheren Führung noch am ehesten bei der Zuweisung von Material und Treibstoff bevorzugt wurde.

Auch bei der Luftwaffe war die Lage dramatisch. Am 11. Februar 1945 schlug deren Generalstabschef, General Karl Koller, Göring vor, vorübergehend die Pilotenausbildung einzustellen. Nur zehn Tage später resümierte Koller, dass jede Tätigkeit der Luftwaffe »in Kürze zum vollständigen Stillstand« kommen werde.

Angesichts dieses eklatanten Treibstoffmangels ließ Hitler seine letzten Reserven zunächst nicht um Berlin zusammenziehen, sondern in Ungarn. Denn im Zalaer Gebiet in Südwestungarn und im niederösterreichischen Zistersdorf befanden sich die letzten bedeutenden Erdölfelder, die noch im deutschen Herrschaftsgebiet lagen. Im Januar 1945 lieferten sie 80 Prozent der deutschen Treibstoffproduktion. Damit konnten die gesamte Heeresgruppe Süd sowie Teile der Heeresgruppe Mitte versorgt werden. Treibstoff zu anderen Heeresgruppen zu transportieren war aufgrund der alliierten Luftherrschaft unmöglich.

Soldaten der Waffen-SS mit einem Sonderkraftfahrzeug 251 während des Unternehmens »Frühlingserwachen«, der letzten deutschen Offensive des Kriegs. Ungarn, März 1945.

In der zweiten Februarhälfte versuchten die Deutschen zunächst im Unternehmen »Südwind« vergeblich, den sowjetischen Brückenkopf über die Donau einzudrücken. Für die darauffolgende große Offensive »Frühlingserwachen« kratzten Wehrmacht und Waffen-SS noch einmal die allerletzten Reserven zusammen. Etwa 30 Prozent aller deutschen Panzer kamen zum Einsatz und konnten damit sogar eine örtliche numerische Überlegenheit gegenüber der Roten Armee erzielen. In anderen Bereichen jedoch, allen voran bei der Artillerie, waren die Angreifer weit unterlegen. Am 6. März begann das Unternehmen »Frühlingserwachen«, doch lief sich der Angriff nach ein paar lokalen Erfolgen schon bald fest. Hitler war wütend über die Leistung »seiner« Division, der 1. SS-Panzer-Division »Leibstandarte SS Adolf Hitler«, und befahl deren Soldaten, ihre Ärmelstreifen als Ehrenabzeichen abzulegen. Dieses Ereignis war charakteristisch. Je mehr sich der eigene Untergang abzeichnete, desto mehr begann der »Führer« selbst seinen treuesten Anhängern zu misstrauen und diese für das Scheitern seiner Politik verantwortlich zu machen.

All dies konnte die sowjetische Gegenoffensive (»Wiener Operation«) aber nicht aufhalten. Die 2. Ukrainische Front (Marschall Rodion Malinowski) und die 3. Ukrainische Front (Marschall Fjodor Tolbuchin) überschritten Ende März im Burgenland die Reichsgrenze und waren nur noch 20 Kilometer von Wien entfernt. Wie schon an der Weichsel zeigte die Rote Armee auch dort, wie gut sie mittlerweile ihre »Tiefen Operationen« beherrschte. Immer wieder schob sie neue Kräfte nach und ließ die Verteidiger nicht zur Ruhe kommen. Die Deutschen verloren fast alle ihre Panzer – aus Treibstoffmangel. Es herrschte ein Klima des Misstrauens innerhalb der Truppe. Die deutschen Generäle bezichtigten sich gegenseitig des Versagens und suchten sich ihre Sündenböcke. So ließ der Oberbefehlshaber der 6. Armee, General Hermann Balck, sämtliche Ungarn entwaffnen, da sie feige gehandelt hätten – was jeder Grundlage entbehrte.

Generaloberst Dr. Lothar Rendulic (hier Anfang 1945 in Norwegen) war ein brutaler Durchhalte-Fanatiker und befehligte im Frühjahr 1945 verschiedene Heeresgruppen an der Ostfront.

Sämtliche Haltebefehle Hitlers und auch des OKH nützten nichts, ebenso wenig wie die Erschießung von über 500 eigenen Soldaten als »Drückeberger« im März im Bereich der Heeresgruppe Süd. Das brutale Vorgehen gegen die eigenen Leute änderte sich nicht, als Anfang April Rendulic die Heeresgruppe übernahm – im Gegenteil. Der Österreicher Rendulic galt als »besonderer Bekenner zum Zeitgeist« (so das Urteil eines Generalskameraden) und erfreute sich bei der NS-Führung besonderer Beliebtheit. Goebbels bescheinigte ihm den »Ehrgeiz [...], sich in die Reihe unserer ersten modernen Heerführer hineinzudienen«.

Aber auch Rendulic konnte die Niederlage bei Wien nicht aufhalten. Lediglich SS und Parteistellen waren zu einem Kampf in der Stadt bereit. Viele der bunt zusammengewürfelten Wehrmachtverbände wollten hingegen nicht mehr kämpfen. Dass große Teile Wiens architektonisch erhalten blieben, ist diesem raschen Zusammenbruch zu verdanken. Der zweitgrößten Stadt des Deutschen Reichs erging es damit besser als der Reichshauptstadt Berlin.

Während Hitler seine Panzerreserven Anfang März nach Ungarn dirigierte, gingen sämtliche deutschen Ostgebiete verloren. In Ostpreußen drängte die Rote Armee die deutschen Verteidiger immer weiter an die Ostsee. In verschiedenen kleinen Kesseln hielten sich vorerst noch deutsche Verbände, so bei Heiligenbeil, im Weichseldelta, im Samland, bei Pillau und auf der Halbinsel Hela. Hinzu kam die »Festung« Königsberg. Mit einer vierfachen Übermacht an Soldaten und einer zwölffachen Übermacht an Artillerie begann am 5. April der finale Angriff der Roten Armee auf die 33 000 Verteidiger der ostpreußischen Hauptstadt. Nach nur vier Tagen kapitulierte die Wehrmacht. Obwohl die Führung in Berlin zu diesem Zeitpunkt Königsberg eigentlich schon abgeschrieben hatte, ließ Hitler den »Festungskommandanten«, General Otto Lasch, in Abwesenheit zum Tode verurteilen und dessen Familie in Sippenhaft nehmen.

Über all die Monate unterstützte die Kriegsmarine die Kämpfe in Ostpreußen, sei es durch Pendelverkehr zum Verschieben von Truppen, sei es durch die Evakuierung Verwundeter, sei es durch den taktischen Einsatz Schwerer Kreuzer wie der »Prinz Eugen« zur Unterstützung der Landoperationen. Natürlich konnte die Kriegsmarine damit keine Wende herbeiführen, sondern die deutsche Niederlage in Ostpreußen nur hinauszögern. Immerhin wurden noch zahlreiche zivile Flüchtlinge evakuiert.

Derweil ging auch der »Ostseebalkon« mit ganz Pommern und Westpreußen verloren. Dabei fiel am 18. März die »Festung« Kolberg. Goebbels verbot, diese Niederlage im Wehrmachtbericht zu erwähnen, war doch nur wenige Wochen zuvor der Farbfilm *Kolberg* in die Kinos gekommen, der von der Verteidigung der Stadt 1807 gegen französische Truppen handelte. Damals hatten Bürgermeister Joachim Nettelbeck und der spätere General August Neidhardt von Gneisenau gemeinsam mit den Bürgern und Soldaten die Belagerung durchgestanden. Der Film *Kolberg* griff dieses Motiv dankbar auf, denn schließlich sollten auch 1945 in den »Festungen« auf dem Heimatgebiet Politiker (NSDAP) und Militärs (Wehrmacht) den Kampf gemeinsam führen, statt zu kapitulieren. Passenderweise wurde der NS-Durchhaltefilm in Berlin und in der »Atlantikfestung« La Rochelle am 30. Januar 1945 uraufgeführt, später lief er in den »Festungen« Königsberg und Breslau.

Auf die Dauerkrisen wusste die deutsche Führung nur drei Antworten: Austausch des militärischen Personals, monotone Durchhalteparolen und immer härterer Durchhalteterror. Ende März traf es Guderian, den Hitler nach einem erneuten Streit über operative Fragen als Generalstabschef des Heeres ablösen ließ. Guderian nutzte dies nach 1945, um sich zum Hitler-Gegner zu stilisieren. Sein Nachfolger wurde General Hans Krebs. Laut Aussagen seiner Kameraden galt Krebs nicht unbedingt als glühender Nationalsozialist, dafür aber als Karrierist und Opportunist. Immerhin erkannte Hitler, dass Himmler mit der Führung einer Heeresgruppe überfordert war und dass auch der Stabschefposten einer Heeresgruppe besser durch einen vollwertigen Generalstabsoffizier zu besetzen sei. Am 21. März ersetzten daher Generaloberst Gotthard Heinrici und General Eberhard Kinzel die SS-Männer Himmler und Lammerding als Oberbefehlshaber bzw. Stabschef der Heeresgruppe Weichsel.

Trotz der Niederlagenserie gelang es Schörners Heeresgruppe Mitte, Schlesien gegen die 1. Ukrainische Front zu halten und damit auch die sächsischen und tschechischen Industriegebiete zu schützen. Anfang März startete Schörner mit Panzerkräften sogar einen Gegenangriff und konnte bei Lauban einen örtlichen Erfolg erzielen – einen der letzten des Kriegs. Am 9. März erschien Goebbels höchstpersönlich auf dem Marktplatz der Stadt, hielt mit Schörner eine Rede an die Soldaten und dekorierte Hitlerjungen mit dem Eisernen Kreuz. In der *Wochenschau* ließ

Szene aus dem NS-Durchhaltefilm *Kolberg* mit Horst Caspar (links) als August Neidhardt von Gneisenau und Heinrich George als Bürgermeister Joachim Nettelbeck. Der Film sollte die enge Verbindung von Militär und Bevölkerung in schwerer Stunde symbolisieren.

NS-Propagandaminister Joseph Goebbels begrüßt Generaloberst Schörner auf dem Marktplatz des wiedereroberten Lauban, 9. März 1945. Die NS-Propaganda stellte diese letzte erfolgreiche Gegenoffensive groß heraus. Goebbels notierte begeistert drei Tage später: »Jedenfalls weiß der Soldat im Kampfraum Schörners, dass er vorne sterben kann und hinten sterben muss.«

sich Goebbels medial inszenieren; es war sein letzter größerer Auftritt in der Öffentlichkeit. In seinem Tagebuch fand Goebbels begeisterte Worte: »Ich habe Schörner direkt in mein Herz geschlossen.« Das galt auch für Hitler, bei dem der General »ganz groß im Kredit« stand: Am 5. April ernannte er ihn zum letzten Generalfeldmarschall des Heeres, wohl gerade auch wegen seiner brutalen Durchhaltemethoden.

Ende Februar wurde die »Festung« Breslau eingeschlossen. Partei und Wehrmacht führten dort – wie in vielen anderen Teilen des Reichs – den Kampf gemeinsam weiter. Dabei spielte der Gauleiter von Schlesien, Karl Hanke, durch seine rabiaten Durchhaltemethoden auf Kosten der eigenen Zivilbevölkerung eine besonders üble Rolle. Hitler gefiel dies; in seinem politischen Testament ernannte er Hanke zu Himmlers Nachfolger als Reichsführer-SS und Chef der Deutschen Polizei. Als Breslau am 6. Mai kapitulierte, versuchte Hanke, zu Schörners Heeresgruppe zu fliehen; vermutlich wurde er dort von tschechischen Partisanen getötet.

Letztlich gab es an der Ostfront nur noch einen Abschnitt, in dem die Kämpfe stagnierten. Obschon vom Rest der Truppe abgeschnitten und schlecht versorgt, hielten sich in Kurland seit Oktober 1944 zwei deutsche Armeen mit anfangs 500 000 Mann. In insgesamt sechs großen Schlachten versuchte die Rote Armee bis Kriegsende vergeblich, die Heeresgruppe Nord (Ende Januar 1945 umbenannt in Heeresgruppe Kurland) zu besiegen. Dennoch waren die deutschen Abwehrerfolge auf diesem Außenposten von zweifelhaftem Wert, denn die in Kurland eingesetzten Truppen hätte man für die Reichsverteidigung und den Schutz der eigenen Bevölkerung dringend brauchen können. Entgegen dem Rat vieler seiner Militärs hielt Hitler aber an Kurland fest und erlaubte nur die Evakuierung einzelner Divisionen. Die Region sollte nämlich – so die Vorstellung des Diktators – künftig als Ausgangspunkt für eine Großoffensive an der Ostfront dienen. Später glaubte er, durch das Halten beträchtliche sowjetische Kräfte zu binden; die Hoffnungen auf eine neue Offensive scheint er dabei nie ganz aufgegeben zu haben. Mit der deutschen Kapitulation im Mai 1945 gingen auch die Reste der Heeresgruppe Kurland mit knapp 200 000 Mann in sowjetische Gefangenschaft.

Der Vormarsch der Westalliierten im Frühjahr 1945

Zweimal hatte Hitler im Jahr 1944 den Westen als entscheidende Front gesehen, an der sich eine Kriegswende erzwingen ließe: im Sommer in der Normandie und im Dezember in den Ardennen. Beide Male endeten die Operationen mit einer schweren deutschen Niederlage. Dabei hatte Hitler gerade im Vorfeld der Ardennenoffensive sein Westheer massiv verstärken lassen. Während in den Monaten November und Dezember 2297 der neu produzierten Panzer in den Westen geliefert wurden, erhielt die Ostfront nur 919 Stück.

Als sich die Westalliierten im Januar 1945 anschickten, die deutschen Verbände in den Ardennen wieder zurückzudrängen, waren die Verlustzahlen gerade bei der Panzerwaffe ungemein hoch. Aufgrund der sowjetischen Winteroffensive ab dem 12. Januar 1945 konnte der Oberbefehlshaber West, Generalfeldmarschall Gerd von Rundstedt, auch nicht mehr mit weiteren Verstärkungen rechnen. Der Westen war fortan die Nebenfront. Das zeigte sich auch an den Lieferzahlen der Panzer und Sturmgeschütze für den Monat Februar 1945: In den Westen gingen nur noch 67, in den Osten hingegen nun 1555.

Die meisten West-Divisionen waren nur mehr von minderer Qualität. Hitler höchstpersönlich bezeichnete sie Anfang März 1945 als »Gerümpel« und »Misthaufen«. Diese Truppen sollten fortan am »Westwall« der Ostfront den Rücken freihalten – so die neue offizielle Sprachregelung – und einen weiteren Vormarsch der Alliierten zum Rhein verhindern. Dabei war bekannt, dass der »Westwall« nicht fertig und vor allem das Verteidigungskonzept völlig veraltet war. Dass befestigte Bunkeranlagen den Anforderungen der modernen Kriegführung nicht mehr standhielten, hatte sich schon 1940 an der französischen Maginot-Linie gezeigt und erwies sich erneut 1944 am deutschen »Atlantikwall«.

Fatal war auch das Ergebnis des Unternehmens »Bodenplatte« Anfang Januar 1945. Die Luftwaffe griff dabei Flugfelder der Royal Air Force und der US Army Air Forces im unmittelbaren Hinterland der Front an. Doch »Bodenplatte« erwies sich als Fehlschlag und zeigte den mittlerweile katastrophalen Leistungsstand der Luftwaffe. Mehr noch: Den Verlust von etwa 300 Flugzeugen samt Piloten konnte die Luftwaffe nicht mehr ersetzen.

Eine während des Unternehmens »Bodenplatte« abgeschossene Focke-Wulf Fw 190, Westfront Anfang 1945. »Bodenplatte« war ein Fehlschlag und bedeutete praktisch das Ende der Luftwaffe.

Gleichwohl waren die Westalliierten von der ursprünglichen Wucht der Ardennenoffensive so überrascht gewesen, dass sie das deutsche Potenzial für die kommenden Wochen falsch einschätzten und – wie so häufig in diesem Krieg – ihre weiteren Operationen nur ganz vorsichtig planten. Folglich nahmen sie erst im Lauf des Monats Januar das Ober-Elsass und erreichten Anfang Februar den Oberrhein sowie Anfang März den Unterrhein.

Anschließend plante Eisenhower, über den Rhein zu setzen und das Ruhrgebiet als Herz der deutschen Rüstungsindustrie zu besetzen. Danach sollten seine Armeen nach Norden und Süden so weit wie möglich auf deutschem Reichsgebiet vordringen. Dafür standen ihm drei Heeresgruppen mit insgesamt 1,5 Millionen US-Soldaten, 400 000 Briten bzw. Kanadiern sowie 100 000 Franzosen zur Verfügung. Diese Zahlen verdeutlichen zum einen, dass die USA nun den militärischen Löwenanteil im westlichen Bündnis stellten. Dabei waren nur wenige Monate zuvor am D-Day noch mehr britische bzw. kanadische als amerikanische Soldaten beteiligt gewesen. Zum anderen symbolisierte der – wenn auch verhältnismäßig kleine – französische Anteil den politischen

US Soldaten auf der unversehrten Ludendorff-Brücke bei Remagen, März 1945. Die Einnahme dieser Brücke über den Rhein erleichterte den alliierten Vormarsch und verkürzte damit den Krieg.

Anspruch Charles de Gaulles, unbedingt als Großmacht mit am Gewinnertisch zu sitzen.

Anders als die Oder stellte der Rhein ein beträchtliches Naturhindernis dar, zumal die Wehrmacht fast alle Brücken über den Fluss gesprengt hatte. Allerdings fiel den Amerikanern am 7. März überraschend die unzerstörte Ludendorff-Brücke bei Remagen in die Hände, über die kurz zuvor noch zahlreiche deutsche Truppen auf rechtsrheinisches Gebiet zurückgeströmt waren. Beim anschließenden Sprengversuch hatte es Probleme mit der Zündung gegeben. Die deutsche Führung fand auch dafür rasch Sündenböcke und ließ fünf Offiziere zum Tode verurteilen: Vier davon wurden erschossen; der fünfte war zu seinem Glück kurz zuvor in alliierte Kriegsgefangenschaft geraten. Zur Abschreckung gab der neue Oberbefehlshaber West, Generalfeldmarschall Albert Kesselring, dieses Urteil in einem Tagesbefehl bekannt.

US-Soldaten überqueren am 13. April 1945 die Elbe bei Barby, südlich von Magdeburg. Damit hätte sich für die Amerikaner die Möglichkeit ergeben, vor der Roten Armee nach Berlin vorzustoßen.

Vielfach leisteten die Deutschen den Alliierten weiterhin hartnäckig Widerstand, weshalb die Todeszahl bei der US Army im März 1945 deutlich höher lag als jeweils in den Monaten von August bis Oktober 1944. Dies verhinderte indes nicht, dass die Alliierten nun allerorts über den Rhein setzten und schnell auf Reichsgebiet vordrangen. Anfang April war die Heeresgruppe B von Generalfeldmarschall Walter Model im Ruhrgebiet eingekesselt.

Das deutsche Westheer begann sich langsam aufzulösen, was den Alliierten eine ganz neue Perspektive eröffnete: Die Reichshauptstadt Berlin schien zum Greifen nahe. Vor allem der Oberbefehlshaber der 12. Heeresgruppe, General Omar Bradley, und sein Oberbefehlshaber der 9. US-Armee, General William Simpson, hatten dieses Ziel vor Augen. Eisenhower aber winkte ab und schrieb am 7. April an den US-Generalstab: »Ich halte es für militärisch falsch, zum jetzigen Zeitpunkt aus Berlin ein Hauptangriffsziel zu machen.«

Da die militärischen Ereignisse sich aber überschlugen, erhielten diese Ideen neuen Auftrieb. Am 13. April bildete Simpsons Armee südlich von Magdeburg einen Brückenkopf über die Elbe. Die Amerikaner waren damit – wie die Rote Armee an der Oder – nur noch 80 Kilometer von Berlin entfernt. Der grundlegende Unterschied war allerdings: Während den sowjetischen Truppen an der Oder verhältnismäßig starke deutsche Verbände gegenüberstanden, lagen zwischen Simpsons 9. US-Armee und Berlin nur noch schwache deutsche Truppenteile.

Dennoch erklärte Eisenhower zwei Tage später, dass die Einnahme Berlins »keinen Sinn« habe. Dafür hatte er zunächst vor allem politische Gründe: Eine amerikanische Eroberung Berlins kurz vor Kriegsende – und noch dazu quasi ›von hinten‹ – hätte die Rote Armee um diesen symbolischen Siegespreis gebracht. Das hätte mindestens zu starken politischen Spannungen mit Stalin geführt und dessen Misstrauen gegenüber seinen Verbündeten ins Unermessliche gesteigert. Kurz: Eine amerikanische Einnahme von Berlin barg schwer kontrollierbare Risiken, die bisherigen mühevollen politischen Kompromisse wären grundlegend in Frage gestellt worden.

Hinzu kamen militärische Gründe: Bradley rechnete damit, dass in den Straßenkämpfen insgesamt 100 000 britische und amerikanische Soldaten fallen würden. Diese Zahl war gewiss viel zu hoch gegriffen. Dennoch wäre es zu Todesraten gekommen, die man den demokratischen Gesellschaften der USA und des Vereinigten Königreichs nur schwerlich hätte vermitteln können. Stalin hingegen kannte derlei Skrupel nicht.

So kam es, dass die Westalliierten in den letzten drei Kriegswochen andere militärische Prioritäten setzten: Bernard Montgomerys Heeresgruppe stieß in Richtung Dänemark und die Amerikaner drangen nach Süden zur »Alpenfestung« vor. In beiden Regionen vermuteten sie die Rückzugsgebiete der verbliebenen hochrangigen Repräsentanten des Dritten Reichs. Mit dieser Vermutung lagen sie völlig richtig, doch letztlich hatte diese Entscheidung keinerlei Auswirkungen auf die weitere militärische und politische Entwicklung.

↗ Berlin Ecke Friedrichstraße und Oranienburger Straße, 2. Mai 1945: Fallschirmjäger und andere Soldaten der Wehrmacht gehen in sowjetische Kriegsgefangenschaft.

5 Die Schlacht um Berlin

Der sowjetische Durchbruch an den Seelower Höhen

Seit ihrem ersten Übergang über die zugefrorene Oder am 31. Januar konnte die Rote Armee ihre einzelnen Brückenköpfe westlich des Flusses nach und nach erweitern. Nach dem Fall der Festung Küstrin am 30. März verschmolzen diese zu einem großen Brückenkopf im Oderbruch von bis zu 10 Kilometern Tiefe und einer Fläche von 300 Quadratkilometern. Vergeblich hatte die deutsche 9. Armee unter General Theodor Busse mehrfach versucht, die Rote Armee wieder vom Westufer der Oder zu vertreiben. Allerdings waren dies meist nicht mehr als verzweifelte Gegenangriffe in Bataillonsstärke. Eine vom OKH geforderte Offensive weiter nördlich, im Raum Stettin, kam nie zustande. Ein Angriff der 600. (russ.) Infanterie-Division von Wlassows ROA bei Frankfurt/Oder Anfang April scheiterte kläglich, da die Division keine Artillerieunterstützung erhielt; die Russen fühlten sich von den Deutschen verraten.

Es wirkt absurd, dass die Heeresgruppe Weichsel Mitte März meldete, die eigene Luftwaffe sei dem Gegner an Anzahl und Qualität an der Oderfront überlegen und man könne den Feind »an den entscheidenden Kampfabschnitten« auch niederkämpfen. Der Betriebsstoff werde aber bei einer gegnerischen Offensive nur für einen Dreivierteltag reichen.

Gleichzeitig hielten die Deutschen noch einige Brückenköpfe östlich der Oder, allen voran bei Frankfurt. Offenbar war der Fluss für beide Kriegsparteien kein so großes Naturhindernis, wie es sich vielleicht auf der Generalstabskarte darstellte. Obwohl zunächst keine größere Schlacht an der Oder stattfand, musste Busse von Anfang Februar bis Mitte März insgesamt 35 000 Tote, Verwundete und Vermisste melden. Das waren fast 70 Prozent der ursprünglichen Gesamtstärke der Armee von Anfang Februar. Zum Ausgleich erhielt Busse in diesem Zeitraum nur 10 000 Mann schlecht ausgebildeten Ersatz.

Nach der Eroberung von Ostpreußen und Pommern legte die militärische Führung der Sowjetunion Anfang April ihr Hauptaugenmerk

Hitler bei seinem vermutlich letzten Frontbesuch im Hauptquartier der 9. Armee, um den 10./11. März 1945. Rechts der Oberbefehlshaber General Theodor Busse, links hinter Hitler Generaloberst Robert Ritter von Greim (Luftflotte 6), ganz links General Wilhelm Berlin (CI. Armeekorps).

wieder auf die Oderfront. Jetzt wollten sie zum letzten Schlag gegen Hitlers schrumpfendes Reich ausholen. Stalins Stavka arbeitete bereits ab Ende Januar die Operationspläne für diese letzte gewaltige Offensive des Kriegs in Europa aus. Misstrauisch beobachtete der sowjetische Diktator jedoch, wie schnell die Westalliierten über den Rhein übersetzten und ganz Mittel- und Süddeutschland eroberten. Er fühlte sich nun unter Zeitdruck, wollte er doch unbedingt als Erster die Reichshauptstadt einnehmen.

Stalin ließ in der »Berliner Operation« drei Fronten angreifen: die 1. und 2. Weißrussische Front sowie die 1. Ukrainische Front mit insgesamt 2,5 Millionen Mann, 6250 Panzern und Selbstfahrlafetten, 41 600 Geschützen und 7500 Flugzeugen. Im Süden an der Neiße stand Konews 1. Ukrainische Front, die südlich von Berlin zuschlagen sollte. Schukows 1. Weißrussische Front war die stärkste der drei Fronten und sollte aus den Brückenköpfen im Oderbruch auf Berlin vorstoßen. Stalin verzichtete darauf, eine Trennungslinie zwischen Konews und Schukows Fronten festzulegen; diese sollte sich vielmehr aus dem Verlauf der Operationen ergeben. Stalin setzte damit ganz bewusst auf die Rivalität zwischen den Marschällen und hoffte, dass beide miteinander darum wetteifern würden, wer als Erster Berlin einnahm. In der Tat sah Konews Operationsplan keinen Stoß nach Westen an die Elbe vor, sondern er befahl seiner Front, nach Nordwesten in Richtung Potsdam anzugreifen. Eine Nebenrolle hatte Rokossowskis 2. Weißrussische Front, die an der unteren Oder die schwache deutsche 3. Panzer-Armee zerschlagen sollte.

Pioniere hatten mittlerweile 26 Brücken über die Oder gelegt und somit die Nachschubwege von Schukows Angriffsstreitmacht nachhaltig verbessert. Die elf Armeen seiner 1. Weißrussischen Front waren das Nonplusultra an Feuerkraft und Stoßkraft. In der 1. Staffel sollten vier Armeen (darunter die 1. Polnische Armee) auf einer Breite von nur gut 40 Kilometern angreifen. Zwei Garde-Panzerarmeen folgten unmittelbar dahinter als sogenannte bewegliche operative Gruppe. Zwei weitere Armeen standen an den Flanken, die restlichen drei Armeen bildeten die 2. Staffel. Rechnerisch gesehen griff im geplanten Durchbruchsabschnitt auf einer Breite von 20 Kilometern alle 10 Meter ein Panzer oder eine Selbstfahrlafette an. In diesem Krieg hatte bisher noch keine Partei auf so engem Raum eine solche Streitmacht konzentriert.

Interne Konkurrenten in der Schlacht um Berlin: die Marschälle Georgi Schukow (rechts, 1. Weißrussische Front) und Iwan Konew (Dritter von rechts, 1. Ukrainische Front) bei einer Besprechung bei Schneidemühl (heute polnisch Piła) Anfang April 1945 vor Beginn der großen Berliner Operation

Der deutschen Feindaufklärung entging dieser gewaltige Aufmarsch nicht. Ende März stellten die Deutschen daher ihre Angriffe auf die sowjetischen Brückenköpfe an der Oder ein und gingen zur Verteidigung über. Busses 9. Armee wurde fortan gezielt verstärkt, was jedoch stark zulasten der nördlich von ihr stehenden 3. Panzer-Armee ging. Obwohl die 9. Armee bei der Zuteilung von Personal und Material in diesen Wochen gegenüber allen Armeen der Wehrmacht bevorzugt wurde, gab Busse zu bedenken, dass man die eigenen Kräfte stets im Verhältnis zum Gegner betrachten sollte. Und genau das war der springende Punkt: Die Deutschen waren Schukows 1. Weißrussischen Front zahlenmäßig weit unterlegen. Zudem hatten die deutschen Divisionen im Oderbruch mit einer Reihe von Problemen zu kämpfen: Viele hatten gar kein eigenes Artillerieregiment mehr, sondern ihnen waren ledig-

Eine Selbstfahrlafette vom Typ ISU-152 der 1. Polnischen Armee überquert die Oder, April 1945.

lich Flakabteilungen unterstellt worden. Überall fehlte es an Treibstoff und mittlerweile auch an Munition.

Zur Verteidigung errichtete die 9. Armee drei Verteidigungsstreifen von insgesamt etwa 40 Kilometern Tiefe. Für die kommende Abwehrschlacht wählten Heinrici und Busse ein gängiges Verfahren aus dem Ersten Weltkrieg, das sogenannte Großkampfverfahren. Dabei sollten sich die Soldaten zu Beginn der Schlacht von der vordersten Linie auf eine in die Tiefe gestaffelte Hauptkampflinie und eine Großkampfstellung zurückziehen. Damit würden die sowjetischen Soldaten zunächst ins Leere laufen und an der Hauptkampflinie außerhalb der Reichweite ihrer Artillerie liegen. Gleichzeitig befände sich der Angreifer dadurch im Wirkungsbereich der deutschen Artillerie. Das Großkampfverfahren barg aber auch ein erhebliches Risiko: Die ausweichenden Truppen mussten

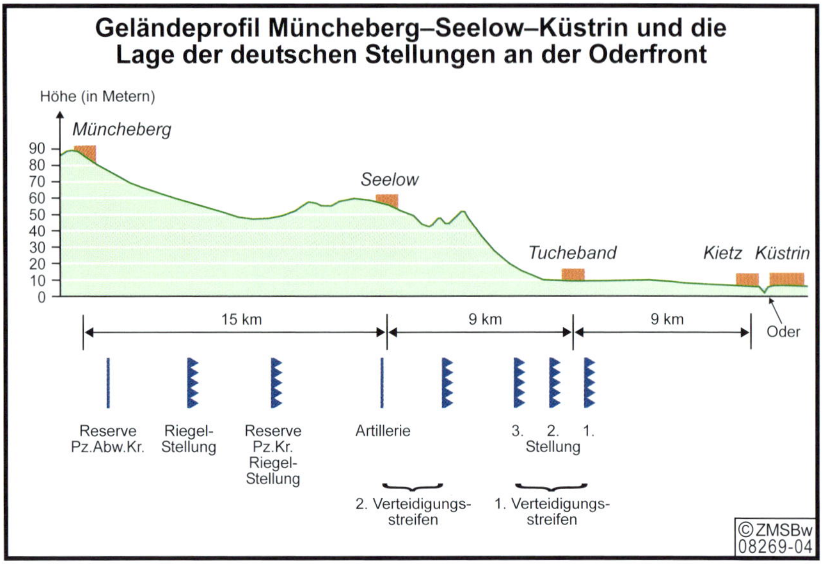

den genauen Zeitpunkt des sowjetischen Angriffs abpassen; ein zu frühes oder zu spätes Ausweichen konnte fatale Auswirkungen haben.

Das Gelände selbst bot dem Verteidiger einige Vorteile. So war das Oderbruch – ein ausgedehntes früheres Sumpfgebiet – teils geflutet und von mehreren Entwässerungsgräben durchzogen. Diese Gräben stellten für Schukows Panzer ein beträchtliches Hindernis dar. Vom Oderbruch aus stieg das Gelände zwischen dem ersten und zweiten Verteidigungsstreifen etwa 40 Höhenmeter an, so dass sich gute Verteidigungsstellungen finden ließen. Weiter hinten, im dritten Verteidigungstreifen, hielt die 9. Armee ihre mobilen gepanzerten Reserven bereit. Es war allerdings nicht mehr viel, was Wehrmacht und Waffen-SS dort auf-

Kräfteverhältnis vor der Schlacht an den Seelower Höhen

	9. Armee	1. Weißrussische Front	Verhältnis
Soldaten	130 000	910 000	1:7
Panzer	512	3 155	1:6
Artillerie- und Flugabwehrgeschütze	1 602	17 842	1:11
Flugzeuge	300	4 188	1:14

Quelle: Karl-Heinz Frieser, Die Schlacht um die Seelower Höhen im April 1945. In: Seelower Höhen 1945, hrsg. von Roland G. Foerster, Hamburg [u.a.] 1998, S. 129–143, hier S. 134.

©ZMSBw 08268-06

bieten konnten: die Panzer-Grenadier-Division »Kurmark«, die Panzer-Division »Müncheberg«, die 25. Panzer-Grenadier-Division, die schwere SS-Panzerabteilung 502 mit ihren »Königstiger«-Panzern sowie einige kleinere Panzerjagdverbände.

Vor Beginn der Schlacht zählte die 9. Armee insgesamt knapp über 500 Panzer und Sturmgeschütze. Sie war Schukows Streitmacht allein schon diesbezüglich im Verhältnis 1:6 unterlegen. Unter diesen Umständen erscheint es unverständlich, dass die deutsche Führung Anfang April der 9. Armee noch Kräfte entzogen hatte: Die Führer-Begleit-Division und die 10. SS-Panzer-Division »Frundsberg« waren nach Wien bzw. zur Heeresgruppe Mitte verlegt worden. Beide Divisionen galten als besonders kampfstark und hätten eine wichtige Rolle als mobile Reserve in der kommenden Abwehrschlacht spielen können.

Noch gravierender war aber eine ungünstige Verteilung der Kräfte. Mitte April besaß an der Ostfront nicht die 9. Armee die meisten Panzer und Sturmgeschütze, sondern zwei andere Armeen: Die 1. Panzer-Armee und vor allem die 4. Panzer-Armee, die beide bei Schörners Heeresgruppe Mitte standen. Auch der Oberbefehlshaber Südwest meldete vom Nebenkriegsschauplatz Italien eine höhere Anzahl an Panzern und Sturmgeschützen, als die 9. Armee zur Verfügung hatte. Strategische und operative Verschiebungen waren wegen der zerstörten Bahnstrecken und der schwindenden Transportkapazität allerdings nicht mehr möglich.

Angesichts der erdrückenden Überlegenheit an Personal und Material konnte an einem Sieg der Roten Armee kein Zweifel bestehen. Unklar war eigentlich nur, wie schnell und unter welchen Verlusten sie triumphieren würde. Das wusste auch Heinrici. Seinen Generälen schenkte er reinen Wein ein und erklärte, dass die Abwehr eines feindlichen Großangriffs eine kaum lösbare Aufgabe sei. Weitere Konsequenzen zog er aus dieser Erkenntnis aber nicht; er gehorchte weiterhin blind den Befehlen Hitlers.

Am frühen Morgen des 16. April begann die größte und blutigste Schlacht, die je auf deutschem Boden ausgefochten wurde. Schukows 1. Weißrussische Front eröffnete den Sturm auf Berlin mit einem nur 30 Minuten dauernden, aber gigantischen Feuerschlag. Im Durchbruchsabschnitt stand etwa alle drei Meter ein Geschütz; sowjetische Soldaten verfeuerten allein an diesem Tag 1,2 Millionen Schuss Artillerie-

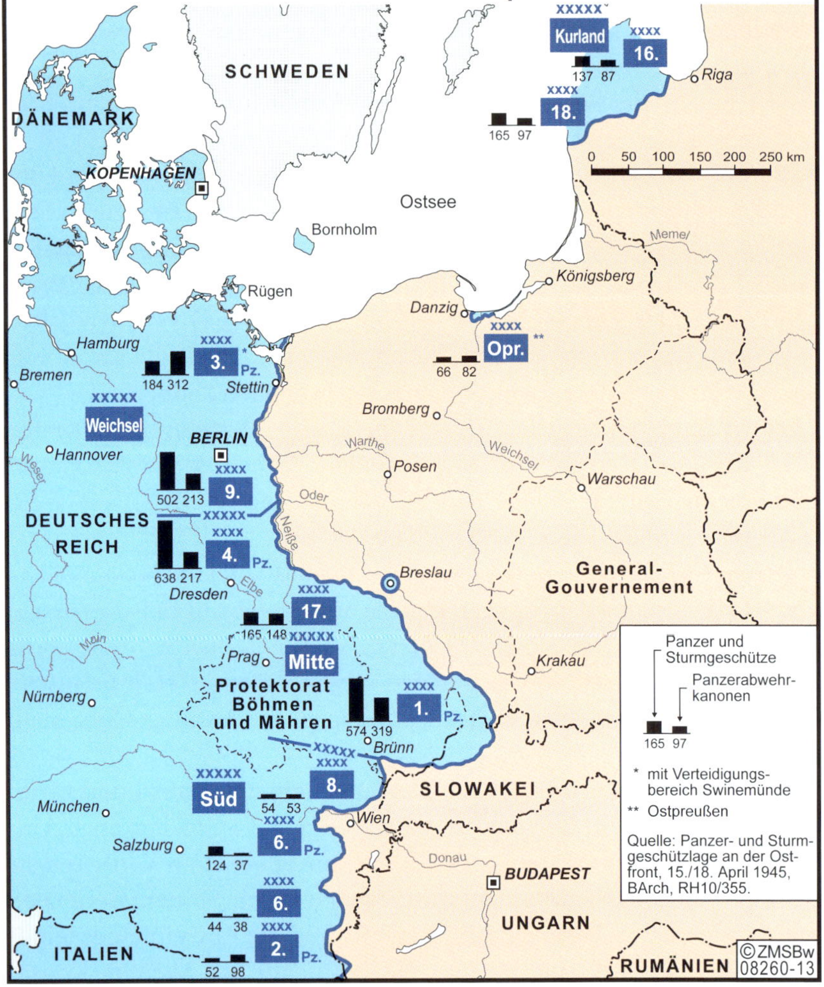

Anzahl der Panzer, Sturmgeschütze und Panzerabwehrkanonen an der Ostfront am 16. April 1945

munition. Scheinwerfer sollten zudem das Gelände erhellen und den Infanteristen den Weg weisen. Allerdings hatten die Deutschen rechtzeitig ihre vordersten Stellungen geräumt, die sowjetische Feuerwalze lief ins Leere. Auch der Angriff der 1. Staffel blieb an der deutschen Hauptkampflinie liegen. Für Schukow kam noch eine weitere schlechte Nachricht hinzu. Als er gegen Mittag mit Stalin telefonierte, erfuhr er,

Sowjetische Artillerie an den Seelower Höhen, April 1945. In keiner Schlacht des Zweiten Weltkriegs wurden mehr Geschütze auf einem so engen Raum zusammengezogen.

dass der Angriff der 1. Ukrainischen Front an der Neiße planmäßig vonstattenging. Schukow musste also befürchten, dass sein Erzrivale Konew vor ihm in Berlin sein würde!

In dieser Situation entschloss sich Schukow, seine beiden Garde-Panzerarmeen früher als geplant einzusetzen. Eigentlich sollten diese erst nach einem Durchbruch in die Tiefe des gegnerischen Raums vorstoßen, doch nun kamen sie als taktischer Rammbock zum Einsatz. Schukow wollte den schnellen Durchbruch mit der Brechstange erzwingen – koste es, was es wolle. Es war eine zweifelhafte Entscheidung, denn bereits die Panzer der 1. Staffel stauten sich an den Entwässerungsgräben des Oderbruchs. Mit seinem Panzereinsatz hatte Schukow das militärische Prinzip der Schwerpunktbildung ad absurdum geführt. Da die 8. Garde-Armee als Speerspitze des bisherigen Angriffs ihre Artillerie gerade umgruppierte, vergrößerte sich das Chaos auf dem Schlachtfeld noch. Dichtgedrängt standen die gepanzerten Kräfte der 1. Weißrussischen Front in der Ebene und konnten sich praktisch nicht vorwärtsbewegen. Sie wären ein lohnendes Ziel für die deutsche

Artillerie gewesen. Dass die Artillerie aber nur vergleichsweise selten zum Einsatz kam, offenbarte die Schwäche der deutschen Verteidiger.

Am Abend des 16. April standen Schukows Soldaten unterhalb der Seelower Höhen. An keiner Stelle war es ihnen gelungen, in die deutsche Hauptkampflinie einzudringen. Über 350 sowjetische Panzerwracks lagen im Oderbruch. Die Abwehr des sowjetischen Frontalangriffs am 16. April stellte laut dem Militärhistoriker Karl-Heinz Frieser »wohl den letzten Erfolg der deutschen Wehrmacht im Zweiten Weltkrieg« dar.

Es war allerdings nur ein sehr flüchtiger Erfolg, denn die 9. Armee hatte praktisch keine Reserven mehr. Tags darauf gelang der 5. Stoß-Armee im Nachbarstreifen weiter nördlich bei Gusow der entscheidende Durchbruch. Auf deutscher Seite stand dort die 9. Fallschirmjäger-Division. Sie war im Februar 1945 mit erfahrenem Rahmenpersonal aufgestellt worden und kam Anfang April erstmals als geschlossener Großverband an die Oder. Göring hatte die Division vor der Schlacht als eine der besten der Wehrmacht gepriesen. Und nun brach gerade bei dieser 9. Fallschirmjäger-Division die deutsche Abwehr zusammen. Die Division galt mithin als schuldig für die deutsche Niederlage, und Göring ließ ihren Kommandeur, General Bruno Bräuer, sofort ablösen. Doch ein genaueres Hinsehen zeigt schnell, was die wahren Gründe für die Niederlage der Fallschirmjäger waren: Die gesamte Division hatte nur sechs Sturmgeschütze und ansonsten keine weiteren großen panzerbrechenden Waffen! Unter diesen Umständen war es kaum verwunderlich, dass sie den Ansturm der 5. Stoß-Armee nicht weiter aufhalten konnte.

Am 18. April brach die deutsche Verteidigung auch an anderen Stellen zusammen, am 19. April fiel schließlich der dritte deutsche Verteidigungsstreifen. Obgleich nun mit den SS-Panzergrenadier-Divisionen »Nordland« und »Nederland« auch die Reserven der Heeresgruppe per Bus eintrafen, konnten die deutschen gepanzerten Verbände die Löcher nicht mehr stopfen. Es fehlte überall an Munition und Treibstoff. Die Schlacht an den Seelower Höhen war verloren, die 9. Armee zerfiel nun in drei Gruppen. Im Norden wich das CI. Armeekorps zur benachbarten 3. Panzer-Armee aus. In der Mitte zog sich das LVI. Panzerkorps nach Berlin zurück, und im Süden war Busses Armeestab mit dem V. SS-Gebirgskorps sowie dem XI. SS-Panzerkorps im sogenannten Kessel von Halbe eingeschlossen.

Die Schlacht um die Seelower Höhen vom 16. bis 19. April 1945

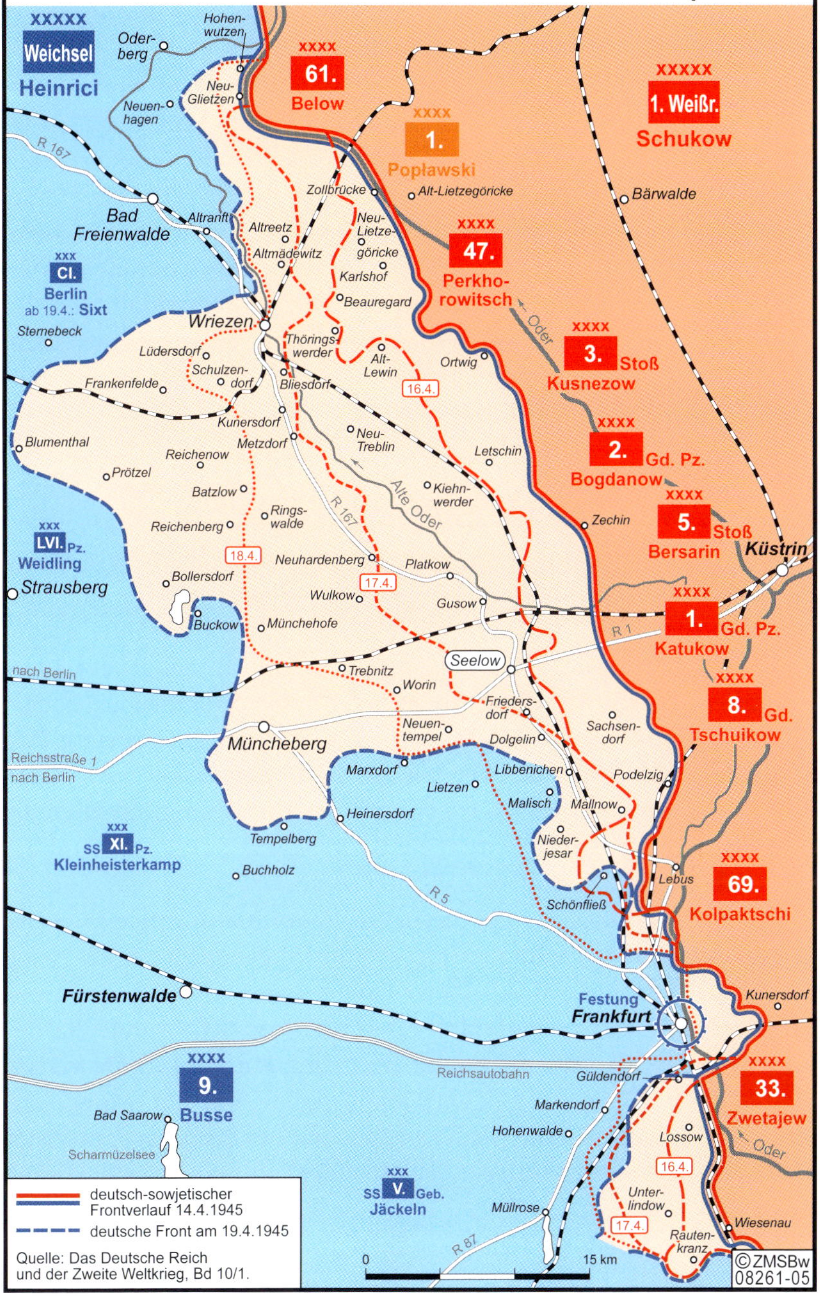

Eigentlich hatte Schukow an einem Tag an den Seelower Höhen durchbrechen wollen; tatsächlich brauchte er vier Tage. 33 000 Rotarmisten ließen dafür ihr Leben, weit über 700 Panzer und Hunderte von Flugzeugen gingen verloren. Diese horrenden Verlustzahlen unterstreichen eindringlich, wie rücksichtslos Schukow seine Männer einsetzte, um vor Konew in Berlin zu sein. Dessen 1. Ukrainische Front hatte bereits am ersten Tag an der Neiße die Linien der deutschen 4. Panzer-Armee durchbrochen. Den Wettlauf nach Berlin verlor Konew trotzdem, da er weit größere Distanzen als Schukow zurücklegen musste. Als am 21. April die 5. Stoß-Armee von General Nikolai Bersarin in Marzahn stand, hatte Schukow das Rennen um die Reichshauptstadt gewonnen. Ursprünglich hatte er aber geplant, an diesem Tag Berlin bereits vollständig eingenommen zu haben.

Berlin als »Frontstadt«

Berlin wurde damit zur Frontstadt. Das hieß aber nicht, dass die Stadt bis dahin vom Krieg verschont geblieben worden wäre. Immer wieder war sie Ziel alliierter Bomberangriffe geworden. Sirenengeheul, Luftschutzkeller, zerstörte Gebäude, Stillstand des öffentlichen Lebens: All dies gehörte seit Monaten zum Kriegsalltag der Bevölkerung. Am Vormittag des 3. Februar 1945 erlebte Berlin den bisher schwersten Luftangriff. Danach war die Innenstadt zerstört. Immerhin blieb die Reichshauptstadt von einem »Feuersturm« wie zuvor in Hamburg oder Lübeck verschont. Die Zahl der Toten war daher mit 2500 bis 3000 für ein Bombardement dieser Größenordnung vergleichsweise gering. Bis Ende März folgten vier weitere Tagangriffe der US Army Air Forces. Am 21. April appellierte Goebbels in seiner letzten Rundfunkansprache an die »Verteidiger Berlins«, dass die »Stunde der Bewährung« geschlagen habe und er »mit allen Mitteln [...] die Verteidigung der Reichshauptstadt aktivieren« werde, um den »Mongolensturm« zu besiegen. Zum Schluss versprach der Propagandaminister ein »Reich der sozialen Gerechtigkeit in einer kommenden, glücklichen Zukunft«.

Doch die meisten Menschen konnten und wollten daran nicht mehr glauben. In Berlin hatte sich schon seit Wochen Abstumpfung und Fatalismus breitgemacht, die Bevölkerung war kriegsmüde. Von den einst über 4 Millionen Einwohnern waren nur noch etwa 2,7 Millionen in der Stadt verblieben, fast ausschließlich Frauen, Kinder und Greise. In Berlin brach das öffentliche Leben zusammen. Bereits am 12. April hatten die Berliner Philharmoniker ihr letztes Konzert gegeben; passenderweise spielten sie das Finale von Richard Wagners *Götterdämmerung*. Die Schulen waren geschlossen, fast alle Kirchen zerstört. Am 20. April fiel die Stromversorgung weitgehend aus, drei Tage später stellten die U-Bahnen den Betrieb ein. Die Bevölkerung versammelte sich in den völlig überfüllten Luftschutzkellern; Flüchtlinge aus den deutschen Ostgebieten kamen hinzu. Um eine Hungerkatastrophe zu vermeiden, gab Gauleiter Goebbels die letzten Nahrungsreserven frei. Im Hotel Adlon, dem letzten noch geöffneten Restaurant der Stadt, floss der Wein für die wenigen verbliebenen Gäste nun wieder in Strömen.

Berlin im Bombenkrieg, Frühjahr 1945

Als Hitler am 20. April seinen 56. und letzten Geburtstag in der Reichskanzlei feierte, kam noch einmal die gesamte NS-Prominenz zusammen. Er erklärte bei diesem Anlass, er werde nicht fliehen, sondern in Berlin in seinem »Führerbunker« unter der Reichskanzlei bleiben. Die gedrückte Stimmung unter den Gästen hob sich erst, als Hitler sich zurückzog. Seine Lebensgefährtin Eva Braun wollte noch einmal so richtig »die Sau rauslassen«. Nun floss der Alkohol reichlich, und die Gesellschaft feierte unbekümmert, während nicht weit entfernt die eigenen Soldaten massenweise verheizt wurden und die Rote Armee nur wenige Kilometer vor Berlin stand.

Am Abend seines Geburtstags erreichte Hitler eine weitere Hiobsbotschaft. Der loyale Schörner meldete, dass sich die Lage seiner Heeresgruppe Mitte »ganz erheblich verschärft« habe. Aufgrund der zerstörten Verbindungen übersehe er »die dortige Lage im Augenblick nicht«. Was war geschehen? Im Bereich seiner 4. Panzer-Armee war Konews 1. Ukrainischer Front der Ausbruch aus dem Neiße-Brückenkopf geglückt. Ohne auf nennenswerten Widerstand zu treffen, stürmte die Rote Armee auf die Elbe sowie vor allem auf Berlin zu. Zwei Tage später sollten die 4. und 3. Garde-Panzerarmee bereits Potsdam, Stahnsdorf und Teltow erreichen. Konews schneller Vorstoß verbaute zudem den Resten der 9. Armee sowie dem Nordflügel der 4. Panzer-Armee den Rückzug nach Westen. Vermutlich weit über 100 000 deutsche Soldaten saßen nun in den Wäldern südöstlich von Berlin im Kessel von Halbe fest.

Hitler zeichnet am Nachmittag seines letzten Geburtstags, dem 20. April 1945, im Garten der Reichskanzlei Hitlerjungen mit dem Eisernen Kreuz aus. Hitler soll den Appell mit dem Ruf »Heil euch!« beendet haben, doch niemand antwortete. Das Bild wurde nachträglich koloriert.

In den Tagen nach Hitlers Geburtstag verließen führende NS-Größen das sinkende Schiff: Göring, Speer, Himmler sowie Reichsaußenminister Joachim von Ribbentrop und der Chef des Reichssicherheitshauptamts Ernst Kaltenbrunner reisten von Berlin Richtung Norden und Süden in die Restgebiete des rapide schrumpfenden Dritten Reichs. Zur Überraschung aller ließ Hitler auch seine willfährigen Spitzenmilitärs Generalfeldmarschall Wilhelm Keitel und Generaloberst Alfred Jodl ziehen. Sie sollten die Operationen außerhalb Berlins weiterführen. Für den Endkampf in der Reichshauptstadt selbst ernannte Hitler den Generalstabschef des Heeres, General Krebs, zu seinem persönlichen militärischen Berater.

Bereits am 9. März 1945 hatte der Kommandant des »Verteidigungsbereichs Berlin«, Generalleutnant Hellmuth Reymann, einen »Grundsätzlichen Befehl für die Vorbereitungen zur Verteidigung der Reichshauptstadt« erlassen. Darin hieß es, dass Berlin »bis zum letzten Mann und bis zur letzten Patrone verteidigt« werden solle. Reymann betonte auch, dass es gar nicht so sehr auf die militärischen Fertigkeiten ankomme, sondern auf die richtige Haltung. Bezeichnenderweise benutzte er auch nicht mehr das Wort »Soldat«, sondern »Kämpfer«. Dieser müsse vom »fanatischen Willen zum Kämpfen-Wollen beseelt und durchdrungen« sein. Reymanns Worte zeigten einmal mehr, wie sehr die Wehrmacht in der Endphase des Kriegs die Grundsätze des militärischen Handwerks ignorierte, um stattdessen nur mehr auf Fanatismus zu setzen.

Die Verteidigung Berlins leitete dann allerdings nicht Reymann. Goebbels ließ ihn am 21. April nach Potsdam versetzen, um dort gegen Konews Truppen eine neue Front aufzubauen. Neuer Kampfkommandant von Berlin wurde Oberst Ernst Kaether, ein überzeugter Nationalsozialist, den Hitler sogleich zum Generalleutnant befördern ließ. Die Sache erhielt aber eine neue Wendung, als sich am 23. April der Kommandierende General des LVI. Panzer-Korps, General Helmuth Weidling, bei Hitler zu melden hatte. Das Korps war nach der Niederlage bei Seelow nach Westen ausgewichen – zu weit nach Westen, wie Hitler meinte. Wegen »Feigheit« sollte Weidling daher vor ein Kriegsgericht gestellt werden. Zum Erstaunen aller änderte Hitler aber nach einer persönlichen Aussprache mit Weidling seine Meinung. Er ernannte den hochdekorierten General kurzerhand zum neuen Kampfkommandanten von Berlin und unterstellte ihn sich persönlich.

Wichtige Personen im »Führerbunker« mit Hitler, 21.–30. April 1945

Name	Funktion	Weiteres Schicksal
	Vertreter der Regierung und der Partei	
Joseph Goebbels (mit Familie)	Reichsminister für Volksaufklärung und Propaganda sowie Gauleiter von Berlin	Selbstmord 1. Mai 1945
Martin Bormann	Leiter der Partei-Kanzlei	Selbstmord 2. Mai 1945
Artur Axmann	Reichsjugendführer	Erfolgreiche Flucht; nach dem Krieg in der Wirtschaft tätig; Tod 1996
Gerhard Schach	Stellvertretender Gauleiter Berlin	Gefallen 30. April 1945
Werner Naumann	Staatssekretär im Propagandaministerium	Erfolgreiche Flucht; nach dem Krieg Manager und Gründer des »Naumann Kreises« in der FDP; Tod 1982
Walter Hewel	Verbindungsbeamter des Auswärtigen Amts bei Hitler	Selbstmord 2. Mai 1945
	Vertreter des Militärs	
General der Infanterie Hans Krebs	Chef des Generalstabs des Heeres	Selbstmord 1. Mai 1945
General der Infanterie Wilhelm Burgdorf	Chef des Heerespersonalamts und Chefadjutant des OKW bei Hitler	Selbstmord 1. Mai 1945
General der Artillerie Helmuth Weidling	Kampfkommandant Berlin (Gefechtsstand Bendlerblock)	Sowjetische Kriegsgefangenschaft; dort Tod 1955
Vizeadmiral Hans-Erich Voß	Ständiger Vertreter von Dönitz bei Hitler	Sowjetische Kriegsgefangenschaft; Tod 1969
Oberst Nicolaus von Below	Luftwaffenadjutant bei Hitler	Erfolgreiche Flucht; Tod 1983
Oberstleutnant Willy Johannmeyer	Heeresadjutant bei Hitler	Erfolgreiche Flucht; nach dem Krieg Manager; Tod 1970
Oberstleutnant Rudolf Weiß	Adjutant von Burgdorf	Sowjetische, dann polnische Kriegsgefangenschaft; Tod 1958
Major Bernd Freytag von Loringhoven	Im OKH	Erfolgreiche Flucht; 1956 Eintritt in die Bundeswehr, zuletzt stellvertretender Generalinspekteur; Tod 2007
Rittmeister Gerhard Boldt	Im OKH	Erfolgreiche Flucht; Tod 1981
	Vertreter der SS	
SS-Gruppenführer Hermann Fegelein	Vertreter Himmlers im Führerhauptquartier	Erschießung am 29. April 1945 wegen »Fahnenflucht«
SS-Gruppenführer Johann Rattenhuber	Leiter des Reichsicherheitsdiensts zum Personenschutz Hitlers	Sowjetische Kriegsgefangenschaft; Tod 1957
SS-Brigadeführer Wilhelm Mohnke	Kommandant des Verteidigungsbereichs Z	Sowjetische Kriegsgefangenschaft; nach 1955 Autoverkäufer; Tod 2001
	Persönliche Entourage Hitlers	
Eva Braun bzw. Hitler	Lebensgefährtin, ab 29. April 1945 Ehefrau Hitlers	Selbstmord 30. April 1945
Ludwig Stumpfegger	Begleitarzt Hitlers	Selbstmord 2. Mai 1945
SS-Obersturmbannführer Heinz Linge	Ordonnanz Hitlers	Sowjetische Kriegsgefangenschaft; nach 1955 Handelsvertreter; Tod 1980
SS-Sturmbannführer Otto Günsche	Persönlicher Adjutant Hitlers	Sowjetische Kriegsgefangenschaft; nach 1955 in der Wirtschaft tätig; Tod 2003
Heinz Lorenz	Pressesekretär Hitlers	Britische Gefangenschaft; 1958 bis 1978 Leiter des stenografischen Diensts des Bundesrats; Tod 1985
Hans Baur	Chefpilot Hitlers	Sowjetische Kriegsgefangenschaft; Tod 1993
Traudl Junge	Sekretärin Hitlers	Erfolgreiche Flucht; Tod 2002

Weidling übernahm ein buntes Sammelsurium an Truppen. Auf die geheime Parole »Clausewitz« hin bezog die Berliner Garnison mit zusammengewürfelten Verbänden aus Alarmeinheiten, Volkssturm und Hitlerjungen ihre Stellungen in den acht Verteidigungsabschnitten der Stadt. Die Hauptverteidigungslinie war die »Innere Linie« entlang der Berliner Ringbahn, dem heutigen S-Bahn-Ring. Ein weiterer Verteidigungsring lag um das Regierungsviertel. Kommandant dieses Verteidigungsabschnitts Z (Z = Zitadelle) wurde SS-Brigadeführer Wilhelm Mohnke, ein skrupelloser Kriegsverbrecher, der mehrmals alliierte Kriegsgefangene hatte erschießen lassen.

Eine Aufstellung des OKH vom 19. April verzeichnete gut 41 000 einsatzbereite Männer für die Verteidigung Berlins, davon über die Hälfte Volkssturmangehörige. Durch »Clausewitz« konnte diese Zahl auf 94 000 erhöht werden. Handfeuerwaffen waren aber nur für knapp die Hälfte dieser Soldaten verfügbar. Hinzu kamen als Verstärkung die Reste von Weidlings LVI. Panzer-Korps. Obwohl nach Seelow stark angeschlagen, waren Weidlings etwa 20 000 bis 30 000 Mann noch die kampfkräftigsten Truppen für den kommenden Stadtkampf. Es waren Teile der 9. Fallschirmjäger-Division, der 18. Panzer-Grenadier-Division, der 11. SS-Panzer-Grenadier-Division »Nordland« sowie der Panzer-Division »Müncheberg«. Hinzu kamen knapp 100 Franzosen der SS-Division »Charlemagne« (und nicht, wie oft behauptet, die gesamte Division). Insgesamt dürften etwa 120 000 Mann mit 50 bis 60 Panzern und Sturmgeschützen zur Verteidigung der Reichshauptstadt bereitgestanden haben. Die Rote Armee bot dagegen 464 000 Mann, 12 700 Geschütze und Granatwerfer, rund 1500 Panzer und Selbstfahrlafetten sowie über 2000 Flugzeuge auf.

Am 25. April vereinten sich die 4. Garde-Panzerarmee von Konews Front und die 47. Armee von Schukows Front bei Ketzin an der Havel, 30 Kilometer westlich von Berlin. Damit war die Reichshauptstadt großräumig eingeschlossen. In der Stadt selbst kämpfte sich derweil die Rote Armee aus allen Richtungen unaufhaltsam zur Reichskanzlei im Stadtzentrum vor. In den Ruinen wurde verbissen Widerstand geleistet. Verzweifelt versuchten zusammengewürfelte deutsche Verbände aus Wehrmacht, Waffen-SS, Volkssturm und Hitlerjugend, die Rote Armee aufzuhalten. Viele Soldaten befanden sich in einer Zwangslage und glaubten, nicht kapitulieren zu können: Einerseits plagte sie die

Die Einschließung Berlins vom 16. bis 25. April 1945

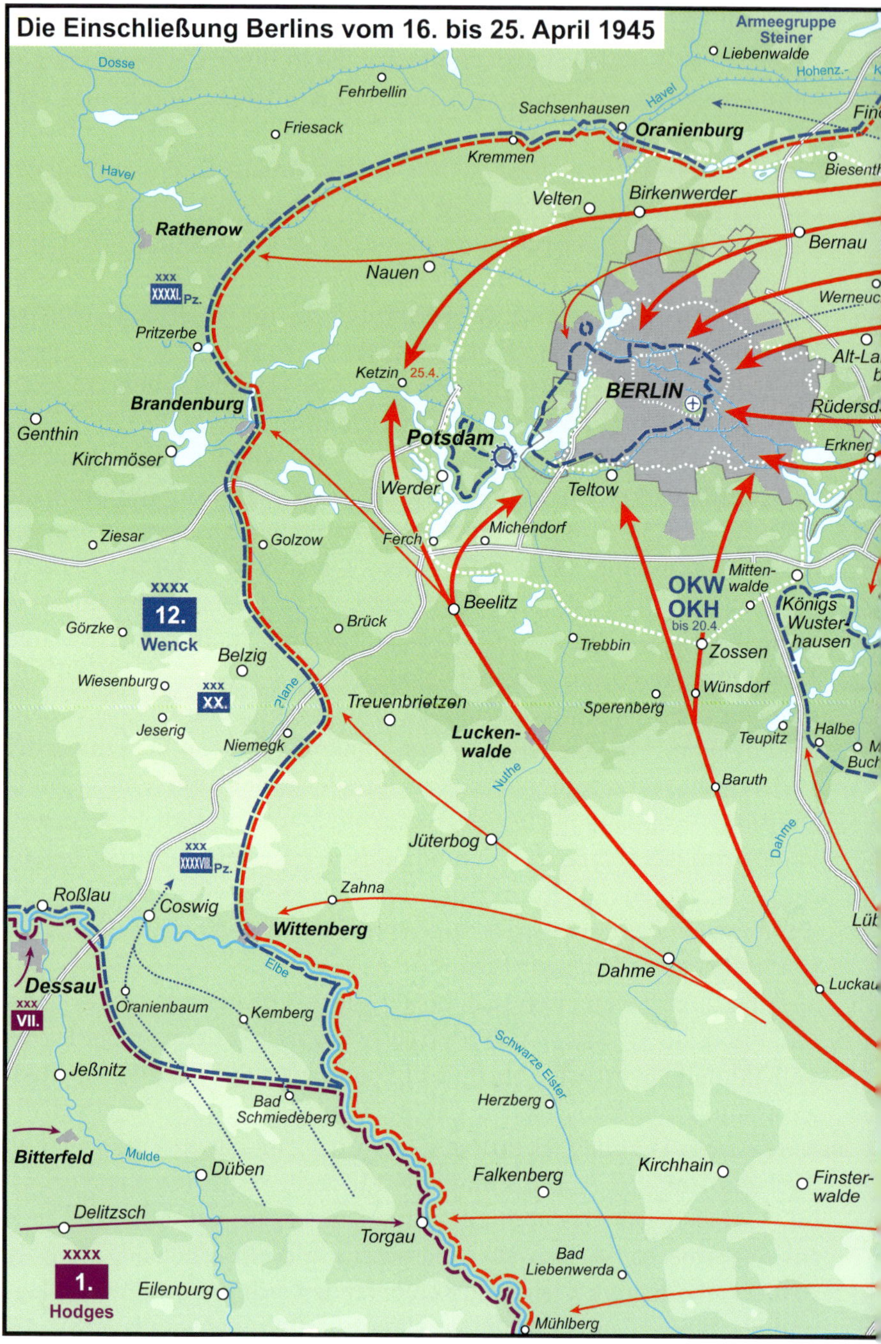

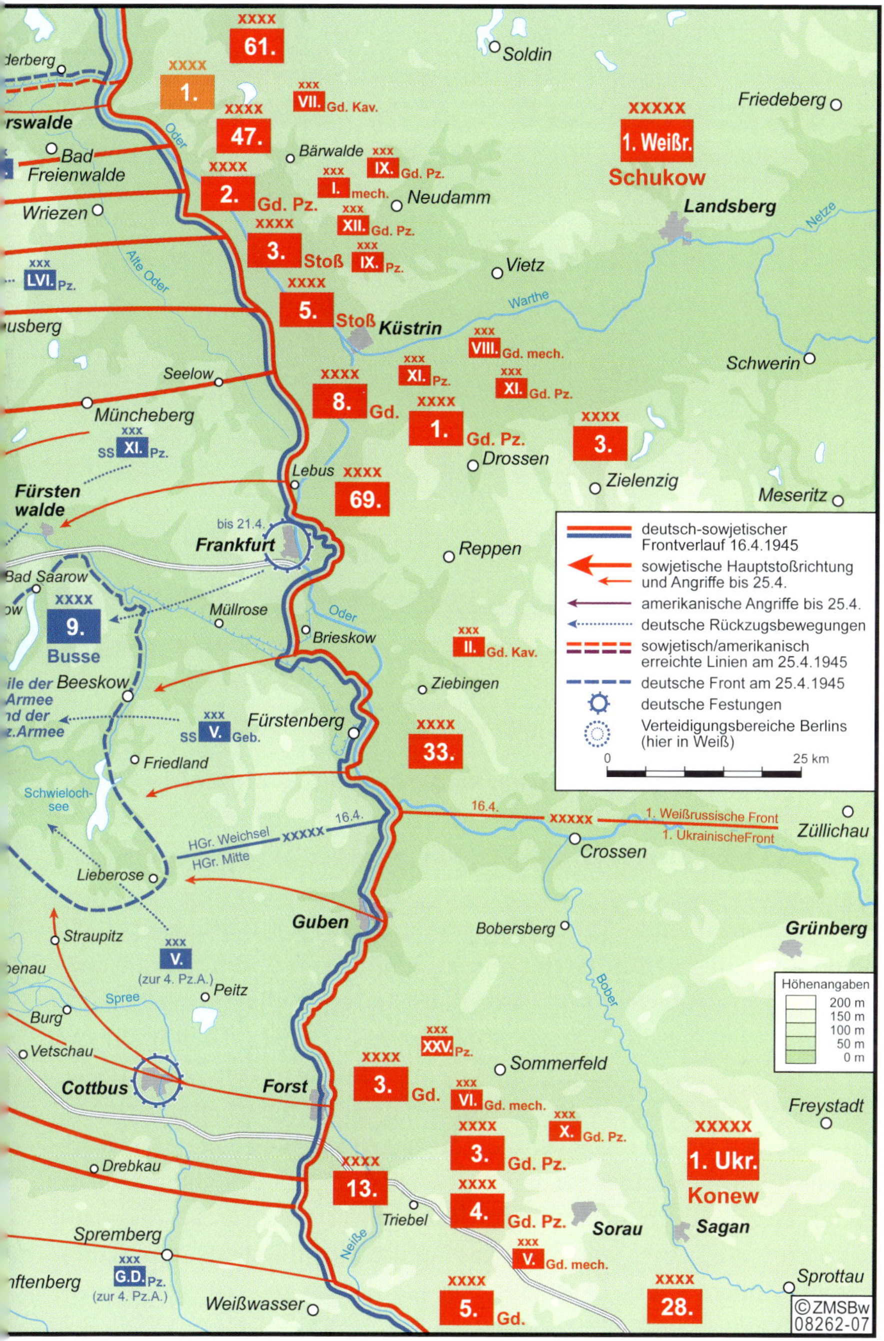
61.
1.
47.
VII. Gd. Kav.
Soldin
Friedeberg
1. Weißr.
Schukow
Bärwalde
IX. Gd. Pz.
I. mech.
Neudamm
2. Gd. Pz.
XII. Gd. Pz.
3. Stoß
IX. Pz.
Landsberg
Netze
Bad Freienwalde
Wriezen
Alte Oder
Oder
LVI. Pz.
Vietz
Warthe
5. Stoß
Küstrin
VIII. Gd. mech.
XI. Pz.
XI. Gd. Pz.
Schwerin
Seelow
Müncheberg
8. Gd.
1. Gd. Pz.
3.
SS XI. Pz.
Drossen
Zielenzig
Meseritz
Fürstenwalde
Lebus
69.
bis 21.4.
Frankfurt
Reppen
Bad Saarow
9.
Busse
Müllrose
Brieskow
II. Gd. Kav.
Beeskow
SS V. Geb.
Fürstenberg
Ziebingen
33.
Friedland
Schwielochsee
16.4.
1. Weißrussische Front
1. UkrainischeFront
Züllichau
Crossen
HGr. Weichsel
HGr. Mitte
Lieberose
Guben
Bobersberg
Grünberg
Bober
Straupitz
V.
(zur 4. Pz.A.)
Peitz
Spree
Burg
Vetschau
XXV. Pz.
Sommerfeld
3. Gd.
VI. Gd. mech.
Cottbus
Forst
X. Gd. Pz.
Freystadt
3. Gd. Pz.
1. Ukr.
Konew
Drebkau
13.
Triebel
4. Gd. Pz.
Sorau
Sagan
Neiße
Spremberg
V. Gd. mech.
G.D. Pz.
(zur 4. Pz.A.)
Sprottau
Weißwasser
5. Gd.
28.
deutsch-sowjetischer Frontverlauf 16.4.1945
sowjetische Hauptstoßrichtung und Angriffe bis 25.4.
amerikanische Angriffe bis 25.4.
deutsche Rückzugsbewegungen
sowjetisch/amerikanisch erreichte Linien am 25.4.1945
deutsche Front am 25.4.1945
deutsche Festungen
Verteidigungsbereiche Berlins (hier in Weiß)
0
25 km
Höhenangaben
200 m
150 m
100 m
50 m
0 m
©ZMSBw 08262-07

Volkssturmmänner und Zivilisten errichten mit einer zerstörten Trambahn eine Barrikade für den Straßenkampf in Berlin, April 1945.

Furcht vor der Rache sowjetischer Soldaten und andererseits die Angst, als »Deserteur« durch eine Streife von Feldjägern oder Ordnungsdiensten der SS hingerichtet zu werden. Augenzeugen berichteten allerorts von Erschießungen.

Als entscheidende Verteidigungszentren in der Reichshauptstadt dienten vor allem große Kreuzungen und Plätze, Brücken sowie Bahnhöfe. Maschinengewehr und Panzerfaust waren die bevorzugten Waffen der Verteidiger im Häuserkampf. Zahllose Panzergräben und Panzersperren aus Häuserschutt, Stacheldraht und zerstörten Straßenbahnen prägten das Bild. Soldaten, Zivilisten und Zwangsarbeiter hatten in den letzten Wochen diese Verteidigungsbarrikaden errichtet. Die Rote Armee hingegen konnte auf eine erdrückende Überlegenheit ihrer Feuerkraft setzen. Ihre Panzer und ihre Raketenwerfer Katjuscha, die sogenannten Stalinorgeln, zerschossen rücksichtslos die deutschen Stützpunkte. Zudem setzte die Rote Armee häufig ihre gefürchteten Scharfschützen ein.

Sowjetische Iljuschin Il-2-»Sturmovik«-Schlachtflugzeuge kreisen über der Spree während der Kämpfe um Berlin, April 1945.

Überall lagen Verwundete; Arzneimittel und Sanitätsmaterial gab es für sie aber praktisch nicht mehr. Auch die Nahrungsmittellage war prekär. Durch die Tunnel des U- und S-Bahnnetzes verlegten und versorgten die Deutschen ihre Truppen. Zudem verkrochen sich Zivilisten in den Bahnhöfen und den Röhren, wenn sie in den überfüllten Luftschutzkellern keinen Platz mehr fanden. Doch die Rote Armee nutzte das Tunnelsystem ebenfalls, so dass es zu Kämpfen unter der Erde kam. Am 2. Mai sprengten die Deutschen schließlich die Tunnel unter dem Landwehrkanal, wodurch große Teile der U- und S-Bahn geflutet wurden. Seitdem sind viele Mythen und Erzählungen über diese Sprengung entstanden, die wahrscheinlich eine Verzweiflungstat der SS war. Etwa 200 Zivilisten fanden dabei den Tod.

Die nördlichen und östlichen Stadtteile wie Pankow und Hellersdorf waren schon am 26. April weitgehend in sowjetischer Hand. Es folgten die südlichen: Zehlendorf, Lichterfelde, Steglitz. Am Morgen des 28. April hielten die Verteidiger nur mehr das Gebiet innerhalb der

Ringbahn. Immerhin waren dies noch 80 Quadratkilometer mit mehreren Hundertausend Menschen.

Wie durch ein Wunder war das öffentliche Telefonnetz noch einigermaßen intakt. Damit konnte man die Standorte der Verbände in Erfahrung bringen und so ein einigermaßen klares Lagebild für die militärischen Besprechungen im »Führerbunker« gewinnen. Diese Besprechungen fanden der alten Routine folgend mindestens zweimal am Tag statt. In dem stickigen Bunker war die Stimmung der Insassen natürlich gedrückt. Krebs, Burgdorf und Bormann ertränkten ihre Angst in Alkohol und stritten sich dabei mitunter heftig.

Draußen schlugen Granaten ein, doch Hitler und seine letzten Paladine ignorierten die grausame Realität und das sinnlose Sterben in der Stadt. Sie lebten stattdessen in einer irrationalen Parallelwelt. Trotzig wollte Hitler seinen eigenen Untergang inszenieren. In einer Lagebe-

Die bekannte Pilotin Hanna Reitsch flog Ende April 1945 mit Generaloberst Robert Ritter von Greim nach Berlin ein und kurz darauf wieder aus. Start- und Landebahn war die Charlottenburger Chaussee, heute Straße des 17. Juni. Das Bild zeigt Reitsch mit Hitler im März 1941. In der Mitte Göring, links Below.

sprechung vom 23. April betonte er, nur hier in Berlin könne er zumindest einen moralischen Sieg erringen, das Gesicht wahren und Zeit gewinnen. Goebbels bestärkte seinen »Führer« darin: Wenn die Gegner »vor Berlin zurückgeschlagen werden, dann wäre das Grund für ein großes Beispiel in der Welt«. Selbst bei einer Niederlage, behauptete der Propagandaminister, entstünde noch ein positives Bild: »In fünf Jahren spätestens wäre der Führer eine legendäre Persönlichkeit und der Nationalsozialismus ein Mythos.«

Hitlers Stimmung schwankte in diesen Tagen zwischen Apathie, Lethargie, Depression, fatalistischer Selbstbeweihräucherung und der vagen Hoffnung auf ein doch noch glückliches Ende. Unterbrochen wurde dies immer wieder durch heftige Wutausbrüche gegenüber seinen Kriegsgegnern, der Generalität oder einst treuen Weggefährten, allen voran Göring und Himmler.

Beide hatten kurz nach Hitlers letztem Geburtstag Berlin in der Hoffnung verlassen, damit ihre eigene Haut zu retten. Am 23. April ging ein Telegramm von Göring im »Führerbunker« ein. Mit Bezug auf einen Erlass von 1941 forderte er für sich »volle Handlungsfreiheit nach innen und außen«, falls er bis abends nichts von Hitler hören sollte. Anders ausgedrückt: Göring beanspruchte für sich die Macht in den noch verbliebenen deutschen Gebieten. In völliger Verkennung der Lage glaubte er, dank seiner Autorität mit den Alliierten verhandeln zu können. Hitler war erbost. Er löste Göring als Oberbefehlshaber der Luftwaffe ab und befahl, ihn auf dem Obersalzberg verhaften zu lassen.

Gleichzeitig ordnete er an, Generaloberst Robert Ritter von Greim nach Berlin einzufliegen. Am Steuer des Flugzeugs saß dessen Geliebte, die bekannte Pilotin Hanna Reitsch. Da am 27. April die beiden Flugplätze Gatow und Tempelhof verlorengingen und Berlin somit auch vom Luftverkehr abgeschnitten war, musste Reitsch die Maschine vom Typ Fieseler Storch auf der Charlottenburger Chaussee (heute: Straße des 17. Juni) landen, dem provisorischen letzten Flugfeld der Verteidiger. Greim hatte sich auf dem Flug schwer verletzt und musste sofort im »Führerbunker« ärztlich behandelt werden. Anschließend gingen er und Reitsch zu Hitler. Es war ein symbolträchtiges Bild: Auf einer Trage liegend wurde der glühende Nationalsozialist Greim zum Oberbefehlshaber der Luftwaffe und gleichzeitig letzten Generalfeldmarschall der Wehrmacht ernannt. Fliegende Verbände hatte er praktisch keine mehr

Die Schlacht um Berlin, 26. April bis 2. Mai 1945

XXXX
3. Stoß
Kusnezow
XXXXX
1. Weißr.
Schukow
XXXX
5. Stoß
Bersarin
XXXX
1. Gd. Pz.
Katukow
XXXX
8. Gd.
Tschuikow
G
O Herrmann
(mit 9. Fsch.Jg.Div.)
H
O Herrmann
(mit 9. Fsch.Jg.Div.,
wie Sektor G)
A
GenMaj Bärenfänger
(mit Volkssturm)
B
GenMaj Bärenfänger
(mit Volkssturm,
wie Sektor A)
Z
SS-Brif Mohnke
bzw. OTL Seifert
(mit Waffen-SS)
C
SS-Brif Krukenberg
(mit 11. SS-Pz.Gren.Div.
»Nordland«)
D
GenMaj Mummert
(mit Pz.Div. »Müncheberg«)
26.4.
28.4.
1.5.
Bornholmer Str.
Gesundbrunnen
HUMBOLDTHAIN
Humboldthain
Schönhauser Allee
Prenzlauer Allee
Weißensee
Der Weiße See
Falkenberger Str.
Lichtenberger Str.
Landsberger Allee
Stettiner Bhf.
FRIEDRICHSHAIN
Oranienburger Str.
Börse
Alexanderplatz
Friedrichstr.
Unter den Linden
Jannowitzbrücke
Schlesischer Bhf.
Wriezener Bhf.
Zentral-Viehhof
Frankfurter Allee
Neu-Lichtenberg
Warschauer Str.
Ostkreuz
Spree
OSTHAFEN
Rummelsburg
Rummelsburger See
Potsdamer Bhf.
Anhalter Bhf.
Belle-Alliance-Platz
URBAN-HAFEN
Görlitzer Bhf.
Treptow
Landwehr-Kanal
TREPTOWER PARK
Neuköllner Schiffahrts-Kanal
DIE HASENHEIDE
ZENTRALFLUGHAFEN BERLIN
Tempelhofer Feld
Tempelhof
Hermannstr.
Neukölln
Kaiser-Friedrich-Str.
Köllnische Heide
0
1
Kilometer
©ZMSBw
08263-07

zu befehligen. Aber eine Bitte brachte er mit Reitsch vor: Sie wollten im Führerbunker verbleiben. Hitler lehnte jedoch ab. »Es ist das größte Leid unseres Lebens, dass es uns nicht vergönnt war, mit dem Führer zusammen zu sterben«, betonten die beiden kurze Zeit später. Obwohl die Lage hoffnungslos und Hitler nur noch ein sowohl seelisches als auch körperliches Wrack war, gab es in der unmittelbaren Umgebung immer noch genügend überzeugte Nationalsozialisten wie Greim und Reitsch, die sich von der »Vorsehung« und dem »Charisma« des »Führers« blenden ließen.

Kurz vor ihrem Abflug waren Greim und Reitsch noch Zeugen eines weiteren »Verrats« an Hitler geworden: Himmler hatte insgeheim versucht, einen Separatfrieden mit den Westmächten einzufädeln. Obgleich dies völlig illusorisch war, vermeldeten alliierte Medien Himmlers Aktivitäten. Als Hitler von den diplomatischen Winkelzügen seines »treuen Heinrich« hörte, explodierte er förmlich und verlangte, man solle Himmler erschießen. Nun wisse er endlich, warum Himmler als Militär versagt habe: Es sei alles Verrat und eine Intrige gegen ihn gewesen. Ein »Opfer« seines Wutanfalls war schnell gefunden: Als Himmlers Adjutant (und Eva Brauns Schwager), SS-Gruppenführer Hermann Fegelein, sich aus dem »Führerbunker« entfernte und kurz darauf in einer Privatwohnung angetroffen wurde, kam er wegen »Fahnenflucht« umgehend vor ein Erschießungskommando. Dabei war der skrupellose Opportunist Fegelein als ehemaliger Kommandeur der SS-Kavalleriebrigade selbst einer der eifrigsten Massenmörder des NS-Regimes gewesen.

»Wo Spitze Wenck?« Hitlers letzte Hoffnung

Im Bunker lebten Hitler und seine letzten Getreuen in jenen Tagen nur mehr von zwei Hoffnungen: Dass die gegnerische Koalition zerbrechen oder dass eigene Kräfte von außen nach Berlin durchbrechen würden. Am 12. April war US-Präsident Roosevelt gestorben, und Goebbels orakelte in seiner vorletzten Rundfunkrede am 19. April einmal mehr, »die perverse Koalition zwischen Plutokratie und Bolschewismus« sei »im Zerbrechen«. Auch Hitler hielt sich weiter an dieser Illusion fest. Als er von kleineren Meinungsverschiedenheiten zwischen amerikanischen

Generalleutnant Walther Wenck war mit seiner 12. Armee Ende April 1945 Hitlers letzte Hoffnung auf Entsatz. Das Bild zeigt Wenck (rechts) Ende 1943/ Anfang 1944 als Stabschef der 1. Panzer-Armee mit dem Oberbefehlshaber Generaloberst Hans-Valentin Hube (1890-1944).

und sowjetischen Truppen bei Torgau erfuhr, glänzten seine Augen, und er fragte rhetorisch in die Runde: »Würde das deutsche Volk und die Geschichte mich nicht zum Verbrecher stempeln, wenn ich heute Frieden schließen würde und noch morgen die Möglichkeit bestünde, dass unsere Feinde uneinig werden?« In Wahrheit hielt das Anti-Hitler-Bündnis fest zusammen.

Auch die Hoffnung auf Entsatz von außen war illusorisch. Sie konzentrierte sich auf bestimmte Personen, entbehrte aber jeglicher Realität: SS-Obergruppenführer Felix Steiner, Generalfeldmarschall Ferdinand Schörner und Generalleutnant Walther Wenck sollten mit ihren Verbänden den »Führer« in Berlin »befreien«. Steiner wurde am 21. April erstmals mit einem Vorstoß von Norden auf Berlin beauftragt. Zu diesem Zeitpunkt war die Hauptstadt eigentlich noch gar nicht eingeschlossen, es sollte vielmehr eine neue Front aufgebaut werden. Hitler machte Steiner persönlich für die Durchführung des Befehls verantwortlich und ergänzte: Offiziere, die sich der Anordnung »nicht bedingungslos fügen, sind festzunehmen und augenblicklich zu erschießen«. Doch Steiner zögerte den Befehl hinaus und griff schließlich gar nicht an, da er die Unsinnigkeit des Unterfangens erkannte. Als Hitler davon erfuhr, schrie und fluchte er über seine Generalität, die seine Befehle stets sabotiert habe und damit die Schuld an der Niederlage trage. »Es ist aus!«, erklärte Hitler abschließend.

Wenig später schöpfte er aber erneut Hoffnung. Diesmal waren Schörner und Wenck die Heilsbringer, »das glücklichste Gespann, das ich mir denken kann«, wie Hitler frohlockte. Schörner hatte in einem Telegramm am 23. April Hitler förmlich angefleht, Berlin zu verlassen: »Nichts ist verloren, alles kann noch gerettet werden, aber einzig und allein mit Ihnen. Dies ist unser aller soldatische und nationalsozialistische Überzeugung«, schrieb Schörner. Hitler winkte aber tags darauf ab. Stattdessen müsse alles versucht werden, die Schlacht um Berlin zu gewinnen. »Sie können dabei entscheidend helfen, indem Sie möglichst frühzeitig nach Norden vorstoßen.« Am 25. April erging der konkrete Befehl, doch Schörners Angriff kam nie zustande; stattdessen konzentrierte er seine letzten Kräfte in Sachsen und in Böhmen.

Zeitgleich befahl das Oberkommando der Wehrmacht (OKW) einen Angriff der 12. Armee von General Wenck, dem mit 44 Jahren jüngsten Armeeoberbefehlshaber der Wehrmacht. Die »Armee Wenck« umgibt teilweise noch heute eine besondere Aura, galt sie doch als »Hitlers letzte Hoffnung« (Günther Gellermann). Diese Armee war erst Anfang April westlich von Berlin für einen Einsatz gegen die Westmächte neu aufgestellt worden. Doch aufgrund der Niederlage an den Seelower Höhen änderten sich ihr Einsatzziel sowie Einsatzraum: Am 23. April erhielt Wenck den Befehl, fortan seine Truppen gegen die Rote Armee ins Feld zu führen. Zwei Tage später erging dann die Order, Berlin zu entsetzen. Gleichzeitig sollte nach den Plänen des OKW Busses 9. Armee aus dem Kessel von Halbe heraus Richtung Westen vorstoßen und mit Wencks Armee Verbindung aufnehmen. Hitler jedoch hing der Illusion an, dass Busse nach Nordwesten Richtung Berlin vorstoßen solle, um beim Entsatz der Stadt mitzuhelfen.

Jodls Wehrmachtführungsstab unterstellte sich direkt die 12. Armee. Diese bestand im Kern aus vier neuen Divisionen: Die Infanterie-

Angriff der Armee Wenck in Richtung Potsdam, 25.4.–1.5.1945

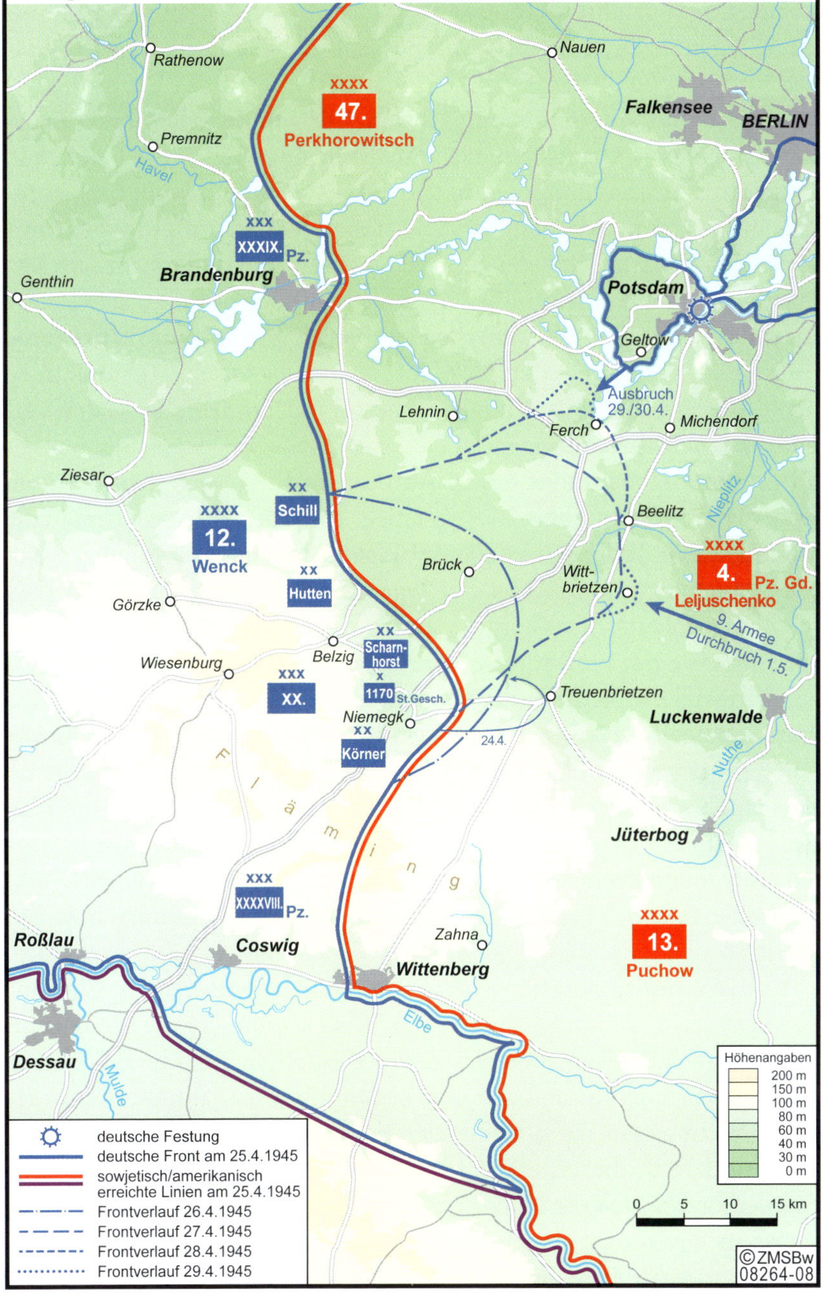

Divisionen »Scharnhorst«, »Ulrich von Hutten«, »Schill« und »Theodor Körner«. Das erfahrene Rahmenpersonal dieser Divisionen kam aus zerschlagenen Divisionen, während sich die Mannschaften aus Soldaten unterschiedlicher Waffenschulen, Offizier- bzw. Unteroffizieranwärtern oder unerfahrenen 17- bis 18-jährigen Burschen des Reichsarbeitsdiensts (RAD) rekrutierten. Auch ein guter Teil der Offiziere und Unteroffiziere entstammte dem RAD. Ihre Ausbildungszeit betrug gerade einmal zwei Wochen, den Divisionen fehlten außerdem Panzerabwehrwaffen und Transportmittel. Die Moral bei den jungen, im NS-Staat erzogenen Soldaten soll allerdings sehr hoch gewesen sein. Diese Rumpfdivisionen sollten zunächst aus dem Raum Coswig-Wittenberg nach Belzig verlegt werden. Von dort sollten sie anschließend entlang der Reichsautobahn München–Berlin etwa 70 Kilometer bis zu den Verteidigern Berlins vordringen.

In den Morgenstunden des 26. April setzte die 12. Armee zum letzten Angriff der Wehrmacht in diesem Krieg an. Wider Erwarten kamen die Divisionen in dem schwierigen Waldgelände recht gut voran. »Wenn wir hier noch zwei, drei oder vier Tage halten, dann ist es möglich, dass die Armee Wenck herankommt, und vielleicht auch die Armee Busse«, gab Hitler seiner Hoffnung in einer Lagebesprechung Ausdruck. Am 28. April erreichten die Spitzen von Wencks Armee den Krankenhauskomplex Beelitz-Heilstätten und waren damit nur noch 35 Kilometer von Berlin entfernt. Dort konnten etwa 3000 verwundete Soldaten aus der Hand der sowjetischen Armee befreit werden. Auf Vermittlung des Roten Kreuzes nahmen die Amerikaner diese Verwundeten auf. Tags darauf standen Wencks Truppen bei Ferch am Schwielowsee. Bis Potsdam waren es noch 15 Kilometer, bis zum Ring der Verteidiger in Berlin gut 30.

Der Diktator phantasierte inzwischen wieder von großen »Zangenbewegungen«. Denn gleichzeitig mit Wenck sollte erneut Steiner mit der 7. Panzer-Division und der neu aufgestellten Infanterie-Division »Schlageter« von Norden aus in Richtung Berlin angreifen. Keitel erschien dazu eigens auf dem Gefechtsstand der 7. Panzer-Division und drängte darauf, die Operation durchzuführen. Seit Tagen und Wochen ergötzten sich die Planer im Wehrmachtführungsstab und Hitler selbst an Divisionen und Begriffen, die völlig in die Irre führten. So auch in diesem Fall, denn die 7. Panzer-Division hatte kaum mehr

Panzer und klagte über Treibstoff- sowie Munitionsmangel. Als Generaloberst Heinrici den Angriffsbefehl für Steiner erhielt, ignorierte er ihn schlichtweg und gab ihn nicht weiter. Am folgenden Tag, dem 28. April, wurde er daher als Oberbefehlshaber der Heeresgruppe Weichsel abgelöst. Sein Nachfolger wurde der General der Fallschirmtruppe Kurt Student.

Auch Wencks Kräfte waren mittlerweile erschöpft. Eine zusammenhängende Front konnte er nicht mehr bilden, sowjetische Soldaten waren an seiner rechten Flanke eingebrochen. Um 23 Uhr des 29. April ging bei Jodl ein verzweifelter Funkspruch Hitlers ein: »Wo Spitze Wenk [sic!]? Wann tritt er an?« Gut drei Stunden später gab Jodl seine Antwort: »Spitze Wenck liegt südlich Schwielowsee fest. 12. Armee kann daher Angriff auf Berlin nicht fortsetzen.« Das Schreiben resümierte: »Angriffe auf Berlin an keiner Stelle mehr fortgeschritten.« Wie Jodl kurz nach der Kapitulation gegenüber Heinrici zugab, hatten die

Je ein Soldat der Bundeswehr und der russischen Armee bestatten am 30. August 2018 einen von 113 gefundenen Toten, die während der Kämpfe im Kessel von Halbe im April 1945 fielen. Bis heute gelten Tausende Soldaten beider Seiten als vermisst in der Schlacht um Berlin.

Generäle häufig Hitler bewusst ein zu positives Lagebild vermittelt. Jetzt konnten sie aber nicht mehr anders, als die totale Niederlage zuzugeben. Hitlers letzte Hoffnung war damit dahin.

Fraglich ist bis heute ohnehin, ob Wenck wirklich Hitler im belagerten Berlin entsetzen wollte oder ob er nicht ein anderes Ziel verfolgte. Mit seinem Angriff erreichte er nämlich, dass die Garnison Potsdam sowie vor allem die Reste von Busses 9. Armee aus dem Kessel von Halbe Anschluss an die 12. Armee fanden. Somit entgingen Zehntausende Soldaten der sowjetischen Kriegsgefangenschaft.

Das Ende in Berlin

Mit dem Scheitern von Wencks Offensive war das Schicksal der Berliner Besatzung endgültig besiegelt, die Rote Armee war bis auf einige hundert Meter an den »Führerbunker« herangekommen. In dieser verzweifelten Lage ließ Weidling einen Plan ausarbeiten. In drei Wellen sollten die deutschen Truppen nach Westen über die Heerstraße und die Pichelsdorfer Brücken aus Berlin ausbrechen. Hitler sollte dabei die zweite Welle persönlich führen. Als Weidling seinen Plan vorstellte, machte ihn Goebbels lächerlich. Auch Hitler lehnte zunächst ab, erlaubte aber am Vormittag des 30. April den Ausbruch aus der belagerten Stadt »in kleinen Gruppen«. Gleichzeitig bekräftigte er erneut, in Berlin bleiben zu wollen; eine Kapitulation kam für ihn nach wie vor nicht in Frage.

Eine Woche zuvor hatte er noch getönt: »Ich würde es [...] für tausendmal feiger halten, am Obersalzberg einen Selbstmord zu begehen, als hier zu sterben und zu fallen.« Seine vollmundigen Ankündigungen machte er freilich nicht wahr. Hitler starb keineswegs kämpfend in den Ruinen Berlins, sondern nahm sich am Nachmittag des 30. April zusammen mit seiner Ehefrau Eva das Leben. Die Leichen wurden im Garten der Reichskanzlei verbrannt; erst viel später konnte deren Identität festgestellt werden.

Wenige Stunden zuvor hatte er sein politisches Testament verfasst. Es war ein letzter Aufruf zur Vernichtung und Selbstzerstörung. Noch einmal ließ er dem zentralen Bestandteil seiner Weltanschauung freien Lauf: dem Judenhass. Er habe »keinen Zweifel darüber gelassen«, dass »jenes Volk mit zur Verantwortung gezogen werden wird, das der ei-

Diese Fotografie gilt häufig als das letzte Bild von Hitler und zeigt ihn mit seinem Adjutanten Julius Schaub in den zerstörten Räumen der Reichskanzlei. Da Schaub aber am 23. April 1945 Berlin verließ, muss dieses Foto schon einige Wochen früher aufgenommen worden sein.

gentlich Schuldige an diesem mörderischen Ringen ist: Das Judentum!« Gleichzeitig forderte er seine Wehrmacht auf, »mit äußersten Mitteln den Widerstandsgeist unserer Soldaten im nationalsozialistischen Sinne zu verstärken« und nicht zu kapitulieren. Zu seinem Nachfolger bestimmte er als Reichspräsidenten, Kriegsminister und Obersten Befehlshaber der Wehrmacht Großadmiral Dönitz, der sich zu diesem Zeitpunkt in Schleswig-Holstein befand. Dönitz hatte nur wenige Tage zuvor noch die Treue zu seinem »Führer« unter Beweis gestellt und alle verfügbaren Marinelandeinheiten, darunter sehr viele neu eingezogene Offizieranwärter der Crew I/1945, zum Entsatz von Berlin in Marsch setzen lassen.

Reichskanzler wurde nun Goebbels, dessen Regierungsverantwortung sich in den kommenden 48 Stunden allerdings nur mehr auf wenige Quadratkilometer Berlins beschränkte. Kurz nach Hitlers Selbstmord strebte Goebbels Friedensverhandlungen mit der Sowjetunion an. Um diese Verhandlungen nicht zu gefährden, verbot Krebs erneut den Ausbruch deutscher Truppen aus Berlin. In der Nacht vom 30. April auf den 1. Mai erschien der Generalstabschef des deutschen Heeres beim überraschten Oberbefehlshaber der 8. Garde-Armee, General Wassili Tschuikow, dem einstigen Verteidiger Stalingrads. Tschuikow lehnte das deutsche Angebot ab, versicherte sich dessen aber noch bei Schukow, der wiederum bei Stalin nachfragte. Die Beteiligten durchschauten sehr leicht Goebbels' erbärmlichen Plan, die alliierte Koalition kurz vor Kriegsende zu sprengen. Krebs musste am Morgen des 1. Mai unverrichteter Dinge in den »Führerbunker« zurückkehren.

Goebbels tobte und schrie, er werde niemals kapitulieren. Er werde nicht zulassen, Berlin den »Roten« zu übergeben, jene Stadt, die er vor Jahren für den Nationalsozialismus erobert habe. Wenig später beging aber auch er mit seiner Ehefrau Magda Selbstmord. Zuvor hatten sie ihre sechs gemeinsamen Kinder mit Gift umgebracht. »Sie sind zu schade für das nach uns kommende Leben«, schrieb Magda in einem Abschiedsbrief.

Generalstabschef Hans Krebs (Mitte) bei den erfolglosen Verhandlungen für einen Waffenstillstand mit der Roten Armee am 1. Mai 1945

Mohnke versuchte derweil, den Ausbruch in kleinen Gruppen aus dem »Führerbunker« über die U-Bahnschächte zu organisieren. Nur ganz wenigen gelang es aber, sich in den Westen durchzuschlagen. Die meisten gerieten in sowjetische Gefangenschaft, einige begingen Selbstmord, wie beispielsweise Martin Bormann. Auch Generalmajor Erich Bärenfänger, ein hochdekorierter Soldat und fanatischer Nationalsozialist, tötete seine Frau und anschließend sich selbst. Als Kommandant der Verteidigungsabschnitte A und B war er noch Ende April im Alter von nur 30 Jahren zum jüngsten General der Wehrmacht befördert worden. Als letzte im »Führerbunker« Verbliebene setzten schließlich auch Burgdorf und Krebs ihrem Leben ein Ende.

Weidling war nunmehr der ranghöchste Militär in Berlin und tat sofort das einzig Mögliche: Er kapitulierte. Am 2. Mai war der Kampf um die Reichshauptstadt offiziell zu Ende. Lautsprecherwagen verkündeten Weidlings Aufruf an versprengte Kampfgruppen: »Am 30. April 1945 hat sich der Führer selbst entleibt und damit uns, die wir ihm die Treue geschworen hatten, im Stich gelassen.« Das war eine geschickte Formulierung, denn damit war für viele der Eid auf Hitler nicht nur formal, sondern auch moralisch obsolet geworden. Weidling widersprach damit auch explizit der Lüge der neuen Regierung Dönitz, Hitler sei »an der Spitze der heldenmütigen Verteidigung der Reichshauptstadt« gefallen. Über 100 000 Verteidiger Berlins begaben sich in sowjetische Kriegsgefangenschaft.

Bereits am 28. April war der Oberbefehlshaber der 5. Stoß-Armee, Generaloberst Nikolai Bersarin, zum neuen Stadtkommandanten von Berlin ernannt worden. Einzelne Oberbefehlshaber wie Tschuikow befahlen bereits vor der Kapitulation, »Ordnung und erforderliche Disziplin« herzustellen und »Plünderungen zu verhindern«, um ein weiteres Marodieren der eigenen Truppe zu unterbinden. Aber erst am 8. Mai erging ein allgemeiner Befehl Bersarins, der für ganz Berlin Plünderungen und Vergewaltigungen unter Strafe stellte. In der Folge versuchten die neuen Besatzer, die Ordnung wiederherzustellen. Die Strom-, Wasser- und Gasversorgung wurde notdürftig hergerichtet. Die Bewohner Berlins sollten zumindest das Nötigste zum Leben haben.

Wie viele Menschen in der Schlacht um Berlin umkamen, ist nur schwer zu bestimmen. Moskau gab seine Verluste in der »Berliner Operation«, also von der Schlacht an den Seelower Höhen am 16. April bis

Der neue Stadtkommandant von Berlin, Generaloberst Nikolai Bersarin (1904–1945), im Gespräch mit Trümmerfrauen, Mai 1945. Bersarin versuchte, so schnell wie möglich das öffentliche Leben wiederherzustellen.

zur Kapitulation am 8. Mai 1945 gerechnet, mit offiziell etwa 350 000 Mann an. Davon dürften knapp 100 000 Mann gefallen sein, der Rest waren überwiegend Verwundete. Hinzu kamen knapp 10 000 Tote der 1. Polnischen Armee. Jedenfalls waren die Tagesverluste an Mann und Material während dieser Operation in absoluten Zahlen die höchsten, die die Rote Armee im gesamten Zweiten Weltkrieg erlitten hatte. Dies unterstreicht noch einmal, wie sehr Stalin auf eine rasche Eroberung Berlins drängte – ohne Rücksicht auf die eigenen Soldaten zu nehmen.

Sowjetische Verluste in ausgesuchten Schlachten des Zweiten Weltkriegs

Schlacht	Dauer in Tagen	Verluste an Menschen (insgesamt)	Verluste an Menschen (pro Tag)	Verluste an Panzern (pro Tag)	Verluste an Flugzeugen (pro Tag)
Moskau 1941/42	34	380 000	10 900	13	4
Stalingrad 1942/43	76	486 000	6 400	38	9
Budapest 1944/45	108	320 000	3 000	16	3
Wien 1945	31	168 000	5 400	19	20
Berlin 1945	23	352 000	15 300	87	40

Quelle: Kristián Ungvary, Battle for Budapest. 100 Days in World War II, New York 2003, S. 331.

©ZMSBw 08270-03

Soldaten der Roten Armee schreiben nach Ende der Schlacht ihre Namen zur Erinnerung auf die Wände des Reichstags.

Die deutschen Zahlen sind für die Verteidigung Berlins noch schwerer zu bestimmen, da die Verwaltung in den letzten Kriegswochen völlig zusammenbrach. Man kann aber davon ausgehen, dass in dem oben genannten Zeitraum weit über 100 000 Soldaten der Wehrmacht, der Waffen-SS und des Volkssturms umkamen. Wie viele davon in den Gefechten auf den Straßen Berlins starben, lässt sich nicht mehr exakt bestimmten. Am schwierigsten fällt es, eine Zahl für die getöteten Zivilisten in Berlin anzugeben, doch dürfte diese bei mehreren Zehntausend gelegen haben.

↗ **Deutsche Flüchtlinge auf einer Landstraße westlich der Oder, Frühjahr 1945**

6 Verbrechen und Elend

Deutsche Verbrechen in der Endphase

Das »Tausendjährige Reich« versank in Trümmern, sein Machtbereich schrumpfte und die Ressourcen wurden immer knapper, doch am Charakter des NS-Regimes änderte sich nichts. Im Gegenteil: Gerade in der Untergangsphase zeigte sich erneut der »grenzenlose Destruktionswille« des Nationalsozialismus als »eigentliche Wahrheit über Hitler und seine verschworenen Gefolgsleute« (Joachim Fest). Das galt auch für das größte Verbrechen des Nationalsozialismus: den Völkermord an den europäischen Juden.

Zum Jahresende 1944 kam das industrielle Morden in den Vernichtungslagern praktisch zum Erliegen. Nach Aufständen der Häftlinge waren in Treblinka und Sobibor die Gaskammern bereits Ende 1943 gesprengt und die Spuren des Tötens verwischt worden (»Sonderaktion 1005«); im Juli 1944 befreite die Rote Armee das Konzentrationslager (KZ) Majdanek. Anfang 1945 befanden sich allerdings noch über 700 000 Menschen verschiedenster Herkunft in etwa zwei Dutzend Konzentrationslagern sowie in zahllosen Außenlagern.

Angesichts der militärischen Lage an der Ostfront begann die SS bereits im Sommer 1944 mit den Vorkehrungen zur Evakuierung der Lager. Am 20. Juli 1944 gab der Befehlshaber der Sicherheitspolizei im Generalgouvernement, SS-Brigadeführer Walther Bierkamp, eine zentrale Weisung dazu heraus. Rückte die Rote Armee näher, waren die Insassen sämtlicher Lager möglichst ins Reichsinnere zu bringen. Falls dies nicht mehr möglich sei, seien die Häftlinge zu erschießen und die Spuren zu beseitigen. Bierkamp betonte: »Unter allen Umständen muss vermieden werden, dass Gefängnisinsassen oder Juden vom Gegner, sei es Widerstandsbewegung oder Rote Armee, befreit werden bzw. ihnen lebend in die Hände fallen.«

Ehemalige Häftlinge des KZ Buchenwald, wenige Tage nach der Befreiung durch die US Army, Mitte April 1945

Der »Ernstfall« trat mit dem Beginn der sowjetischen Winteroffensive im Januar 1945 ein. Nicht »transportfähige« (also kranke) oder besonders »gefährliche« Insassen wurden meist vor der Verschleppung ermordet. Einige der restlichen Häftlinge brachte die SS mit der Bahn ins Reichsinnere; die Mehrheit aber musste in den sogenannten Todesmärschen ihren Weg zu Fuß und unter mangelhafter Versorgung antreten. Kolonnen zerlumpter und ausgehungerter Menschen schleppten sich in jenen Wochen nach Westen. Dabei waren sie schweren Misshandlungen durch die Begleitkommandos und teilweise auch durch die Zivilbevölkerung ausgesetzt. Wer nicht mehr weiterkonnte, wurde erschossen. In einigen Fällen entschieden sich lokale NS-Funktionäre, die Häftlinge sofort zu ermorden.

Bekannte Fälle ereigneten sich in Palmnicken (Ostpreußen), Celle (Niedersachsen), Isenschnibbe (Anhalt) oder Rechnitz (Burgenland). Traurige Berühmtheit erlangte auch die »Mühlviertler Hasenjagd«: Nach einem Ausbruch von 500 sowjetischen Kriegsgefangenen aus dem KZ Mauthausen jagten Angehörige der SS und der Wehrmacht sowie lokaler Formationen des Volkssturms, der Hitlerjugend, der Gendarmerie und der Feuerwehr die Geflohenen und ermordeten sie. KZ-Häftlinge sowie ausländische, vor allem osteuropäische Zwangsarbeiter und Kriegsgefangene waren vielen Deutschen suspekt. Sie galten schon länger als potenzielle Gefahr für die öffentliche Ordnung. Jetzt, in der Phase des Untergangs, konnte und durfte sich fast jeder Deutsche dazu berufen fühlen, die »nationalsozialistische Ordnung« aufrechtzuerhalten.

Im Inneren des Deutschen Reichs begannen die Räumungen der Konzentrationslager erst in den letzten Kriegswochen. Verlauf und Ergebnis waren die gleichen. Beispielsweise kam von den 27 000 Häftlingen des KZ Buchenwald etwa die Hälfte auf den Todesmärschen um – sie starben durch Hunger, Entkräftung oder wurden von den Begleitkommandos ermordet. Ein Sonderfall war Bergen-Belsen. Ursprünglich ein Kriegsgefangenen- sowie Austauschlager für Zivilinternierte, wurde es erst 1943 in ein Konzentrationslager umgewandelt. In den letzten Kriegswochen diente es dann als Auffanglager für Insassen anderer, geräumter Anstalten. In dem völlig überfüllten Komplex grassierten Seuchen und Hunger; gut 50 000 Menschen starben, viele entkräftet, auch noch nach der Befreiung durch britische Truppen.

Mit der Expansion der KZ-Außenlager waren im letzten Kriegsjahr Häftlingskolonnen auf dem Weg zum Arbeitseinsatz zu einem gängigen Straßenbild in vielen deutschen Städten geworden. Die NS-Machthaber legten immer weniger Wert auf Geheimhaltung, so dass die brutale NS-Ausbeutungspolitik für weite Teile der deutschen Öffentlichkeit greif- und sichtbar wurde. Durch die Todesmärsche 1945 steigerte sich dies noch einmal in zweierlei Hinsicht. Erstens wurden viele Bürger jetzt nicht nur Augenzeugen der NS-Ausbeutungspolitik, sondern auch der rassenideologischen NS-Vernichtungspolitik. Zweitens kam nun die Landbevölkerung ebenfalls in Kontakt damit, da die Wachmannschaften auf den Todesmärschen meist die Städte mieden und ihre Opfer stattdessen auf Nebenstraßen über das Land trieben. Am Schicksal der KZ-Häftlinge nahm die deutsche Mehrheitsbevölkerung jedoch kaum Anstoß; zu sehr war sie mit dem eigenen Überleben und dem Bangen um Familienangehörige beschäftigt.

Wie viele KZ-Häftlinge in der Kriegsendphase starben, lässt sich nur schätzen. Man geht von etwa 300 000 Toten aus, also knapp der Hälfte aller Insassen von Anfang 1945; allein auf den Todesmärschen dürften weit über 100 000 Menschen umgekommen sein. Die KZ-Insassen galten als Feinde und Gefahr für die »innere Ordnung« im NS-Sinne. Die Ideologie spielte also weiterhin eine tragende Rolle. Das belegt auch der Umstand, dass nach wie vor Juden und Osteuropäer bei diesen Todeszahlen überrepräsentiert waren. Wie eng die NS-Verbrechen einerseits und der Kampf der Wehrmacht gegen die Rote Armee andererseits miteinander verbunden waren, zeigt das Beispiel des KZ Stutthof im Weichseldelta. In unmittelbarer Nähe des Lagers kämpften bis Mai 1945 Reste der Armee Ostpreußen (bis Anfang April: 2. Armee). Dadurch ermöglichten sie, dass in Stutthof Häftlinge unter unmenschlichen Bedingungen fast bis Kriegsende arbeiten mussten und umkamen.

Bleibt die Frage, warum das NS-Regime die KZ-Insassen bei Kriegsende nicht sofort ermordete, sondern in die noch nicht von den Alliierten besetzten Reichsgebiete bringen ließ. Schließlich bedeutete dies eine zusätzliche Belastung für die ohnehin sehr knappen Ressourcen des Reichs. Darüber lässt sich nur mutmaßen. Möglicherweise sah man in den Häftlingen weiterhin billige Arbeitskräfte, die man im wahrsten Sinne des Wortes bis zum Tode auszubeuten hoffte. Es ist aber auch nicht auszuschließen, dass Himmler glaubte, in Gestalt der restlichen

Ein verbrannter Häftling in einer Scheune in Isenschnibbe, wo am 13. April 1945 über 1000 KZ-Häftlinge ermordet und anschließend verbrannt wurden. Die Täter kamen aus verschiedenen Organisationen wie Partei, SS und Wehrmacht.

überlebenden Juden noch ein Faustpfand für Verhandlungen mit den Alliierten zu haben.

Für Hitler war mit all diesen Morden offenbar noch nicht das Ende der Grausamkeiten erreicht. Er plante eine weitere Radikalisierung, diesmal gegenüber einer Gruppe, die bislang stets völkerrechtskonform behandelt worden war: westalliierte Kriegsgefangene. Nach dem Luftangriff auf Dresden forderte Hitler, sämtliche westalliierte Luftwaffenoffiziere zu erschießen; zudem sollten in Berlin auf dem Wilhelmplatz täglich 5000 britische und amerikanische Offiziere aufgestellt werden, um als menschliche Schutzschilde weitere Luftangriffe zu verhindern. Letztlich wurden diese Überlegungen aber nicht umgesetzt. Vermutlich fürchtete man anschließende Repressalien an den deutschen Kriegsgefangenen in alliiertem Gewahrsam.

Verbrechen an den eigenen »Volksgenossen«

Bislang hatte sich die Massengewalt im Dritten Reich stets gegen bestimmte, klar definierte Gruppen gerichtet, die die Nationalsozialisten als »Volks- und Rassefeinde« ansahen: Juden, Sinti und Roma oder sowjetische Kriegsgefangene, aber auch politische Gegner, Behinderte oder Menschen mit sozial abweichendem Verhalten. Die eigenen »Volksgenossen« hingegen sollten von den Erfolgen des Kriegs profitieren. In der Endphase des Zweiten Weltkriegs änderte sich dies aber: Als klar war, dass der Krieg verloren war, verabschiedeten sich immer mehr Menschen aus der nationalsozialistischen »Volksgemeinschaft«; weithin herrschten Erschöpfung und Apathie. Nun richtete sich die mörderische Energie des Nationalsozialismus und seiner Handlanger in Partei, SS und Wehrmacht auch gegen diese »Volksgenossen« und Soldaten, die nicht mehr »durchhalten« und weiterkämpfen wollten: Sie galten jetzt ebenfalls als »innere« Feinde einer »Volksgemeinschaft«, die sich von Anfang an als »Kampfgemeinschaft« verstanden hatte; auch sie sollten bekämpft werden, um gegen den Ansturm der äußeren Feinde gewappnet zu sein.

Der Furor traf dabei vor allem »Defätisten«, »Deserteure« und »Drückeberger«. Am 7. April 1945 befahl Dönitz seiner Kriegsmarine »fanatischen Willen« zum Widerstand und forderte: »Ein Hundsfott, wer nicht so handelt. Man muss ihn aufhängen und ihm ein Schild umbinden: ›Hier hängt ein Verräter!‹« »Mehr Angst im Rücken als von vorne!«, war auch die Devise Schörners oder Rendulics. Die Militärjustiz war in der Endphase des Kriegs ein zentrales Werkzeug des Durchhalteterrors in den eigenen Reihen. Die formalen juristischen Vorgaben wurden dabei immer weiter aufgeweicht.

Wien Floridsdorf, 8. April 1945: Major Karl Biedermann (vorne) und Oberleutnant Rudolf Plaschke werden mit einem weiteren Kameraden von einem Standgericht zum Tode verurteilt, weil sie mit Widerstandsgruppen Kontakt aufgenommen hatten, um Wien vor der Zerstörung zu bewahren.

Feldjägerkommandos operierten hinter der Front und bauten ihre »Auffangorganisationen« auf, stets auf der Suche nach »Versprengten«, denen man häufig automatisch »Desertion« vorwarf. Als Exekutivorgane der Justiz von Wehrmacht und SS fungierten in den letzten Kriegsmonaten vor allem die Standgerichte. Sie schreckten auch nicht davor zurück, hohe Offiziere oder gar SS-Leute zu verurteilen, wie etwa den Polizeipräsidenten von Bromberg, SS-Standartenführer Karl Otto von Salisch.

Gewiss, es gab auch Offiziere, die sich dem Wüten der Standgerichte widersetzten. Der Kommandeur der Panzer-Division »Müncheberg« beispielsweise, Generalmajor Werner Mummert, verbot ihren Einsatz mit den Worten, seine Division habe so viele Ritterkreuz- und Eichenlaubträger, dass sie es nicht verdiene, von Standgerichten verfolgt zu werden. Und auch Generaloberst Heinrici hielt wenig von derlei Methoden, nachdem ihm Keitel erklärt hatte, Rendulic habe bei Wien mit Massenerschießungen von »Deserteuren« die Disziplin wieder gehoben.

Der Kampf auf Reichsboden sollte fanatisch geführt werden, lautete die häufig wiederkehrende Forderung. Es hieß bereits in einem Befehl Hitlers von Mitte September 1944, als der Landkrieg erstmals Reichsboden erreichte: »Jeder Bunker, jeder Häuserblock in einer deutschen Stadt, jedes Dorf muss zu einer Festung werden, an der sich der Feind entweder verblutet oder die ihre Besatzung im Kampf Mann gegen Mann unter sich begräbt.« Ende März forderte Kesselring erneut, dass die »Kampfführung fanatisiert werden« müsse. Denn schließlich mache »dieser Kampf um Sein oder Nichtsein des deutschen Volkes in seiner Härte auch nicht vor Kulturdenkmälern und sonstigen kulturellen Werten Halt«.

Der Befehl Kesselrings stand in direktem Bezug zu einem der berüchtigtsten Befehle aus der Endphase des Kriegs: dem sogenannten Nero-Befehl. Hitler ordnete am 13. März 1945 an, alle »militärischen Verkehrs-, Nachrichten-, Industrie- und Versorgungsanlagen« zu zerstören, ebenso sämtliche Sachwerte, die sich der Feind »nutzbar machen« könne. Damit sollte die Strategie der »Verbrannten Erde« aus den einst besetzten Gebieten nun auch auf Heimatboden angewendet werden. Später wurde der Befehl abgemildert, so dass es meist nur noch um die Sprengung von Brücken ging. Viele Soldaten – vor allem in den Ostgebieten – hatten ohnehin Schwierigkeiten, sich mental auf die komplett

Sowjetische Soldaten marschieren an einer deutschen Durchhalteparole vorbei, Berlin April/Mai 1945.

anderen Bedingungen des Kriegs auf dem Heimatboden umzustellen. Wie mehrere Gegenbefehle zeigen, plünderten deutsche Soldaten die eigene Bevölkerung genauso aus, wie sie es zuvor vielfach in den besetzten Gebieten getan hatten.

Es gab noch weitere radikale Befehle in dieser Endphase des Kriegs, die sich gegen die Zivilbevölkerung richteten. Ende März befahl Himmler in seinem berüchtigten »Flaggenerlass«, sofort alle männlichen Bewohner eines Hauses zu erschießen, wenn daran die Weiße Flagge gehisst sei. Er reagierte damit auf ein Phänomen vor allem in den Westgebieten des Reichs, deren kriegsmüde Bevölkerung in den letzten Kriegswochen nicht auch noch all ihr Hab und Gut verlieren wollte, wenn Wehrmacht oder Waffen-SS einen Ort verteidigten. Mitte April bestimmte Himmler zudem, keine deutsche Stadt dürfe zu einer »offenen« Stadt erklärt werden, vielmehr müsse jede einzelne verteidigt werden. Wenig später verbot Keitel, deutsche Städte zu Lazarettstädten zu erklären, wie es das Internationale Komitee des Roten Kreuzes angeregt hatte. Keitel untersagte sogar jegliche Verhandlungen mit dem Feind, da diese nur ein Zeichen der Schwäche seien.

Es war offensichtlich, dass in dieser Endphase des Kriegs die Gedankenwelten der politischen und militärischen Führung endgültig miteinander verschmolzen. Beide führten einen Vernichtungskrieg gegen das eigene Volk. Inwieweit ihre Vorgaben an der Basis umgesetzt wurden, hing allerdings von den örtlichen Entscheidungsträgern ab. Glücklicherweise missachteten vielfach verantwortungsbewusste Offiziere und selbst lokale NS-Funktionäre die brutalen Durchhaltebefehle. Gleichwohl lag die Opferzahl der Standgerichte schätzungsweise »im hohen vierstelligen, vielleicht auch im fünfstelligen Bereich« (Sven Keller), ein Großteil davon waren Soldaten. Zum Vergleich: Im Ersten Weltkrieg wurden auf deutscher Seite lediglich 48 Soldaten zum Tode verurteilt und hingerichtet. Die Militärjustiz der Wehrmacht schien ihre eigenen brutalen Lehren aus den Vorgängen des Jahres 1918 gezogen zu haben. Hitler selbst sinnierte im März 1945 über die psychologischen Wechselwirkungen zwischen Zivilbevölkerung und Soldaten. Für ihn stand fest, dass die schlechte Kampfmoral nicht von der Bevölkerung, sondern von der Wehrmacht ausging.

Sowjetische Verbrechen

Der 23. Oktober 1944 ist im Zusammenhang mit einem weiteren Verbrechenskomplex aus der Endphase des Zweiten Weltkriegs in die Geschichte eingegangen. Die Wehrmacht hatte soeben das ostpreußische Dorf Nemmersdorf zurückerobert, das erst zwei Tage zuvor von der Roten Armee besetzt worden war. Den deutschen Soldaten bot sich nun ein schauerlicher Anblick: Bewohner des Ortes waren von der Roten Armee erschlagen, Frauen vergewaltigt worden. Die Zahl der Todesopfer (es waren wohl mindestens 24) und die genauen Vorgänge in Nemmersdorf lassen sich heute nicht mehr restlos aufklären, doch daran, dass es ein Verbrechen gab, besteht kein Zweifel. Die NS-Propaganda schlachtete den Fall Nemmersdorf weidlich aus, aber erst durch zahllose weitere Untaten der Roten Armee »gewann die Propaganda eine eigene Wirklichkeit« (Ian Kershaw). Waren bereits die »Russengräuel« von 1914/15 tief im kollektiven deutschen Gedächtnis verwurzelt, so erreichten die Ausschreitungen der Roten Armee mit der Winteroffensive 1945 eine völlig neue Dimension. Nemmersdorf war daher kein

Einzelfall, sondern der Auftakt für die sowjetischen Verbrechen auf Reichsgebiet.

Bis heute sind diese Verbrechen nur ansatzweise aufgearbeitet. Es ist nicht einfach, aus den zahllosen Einzelfällen eine kohärente Darstellung zu formen. Dabei steht die Forschung vor allem vor einem Quellenproblem: Die Akten der Roten Armee sind bis heute weitgehend unzugänglich; deutsche Untersuchungen wiederum waren in den geräumten Gebieten nicht mehr möglich. Falls die Wehrmacht in lokalen Gegenstößen wie bei Nemmersdorf deutsche Ortschaften zurückeroberte, bot sich ihr aber häufig dasselbe Bild: Erschießungen, Plünderungen, Vergewaltigungen und Deportationen waren dabei die häufigsten Verbrechen. Zudem zerstörte die Rote Armee in vielen Städten ganze Straßenzüge oder auf dem Land ganze Ortschaften.

Besonders die Vergewaltigungen brannten sich tief in die Erinnerung der Deutschen ein, auch nach 1945 sind Fälle dokumentiert. Das Ausmaß dieser Verbrechen ist bis heute unklar. Schätzungen gehen von bis zu 2 Millionen Opfern aus. Gewiss, auch deutsche Soldaten hatten im Krieg Frauen vergewaltigt und selbst bei der Befreiung Westeuropas kam es zu Vergewaltigungen durch Soldaten der westalliierten Armeen mit mehreren Tausend oder gar Zehntausenden Opfern. Doch nirgends

Eine Einheit der Wehrmacht an einem zerschossenen Flüchtlingstreck, vermutlich Opfer eines Verbrechens der Roten Armee. Ostpreußen, Winter 1945

Ein bekanntes (und gestelltes) Foto: Soldaten der Roten Armee hissen die sowjetische Fahne auf dem Reichstag, 2. Mai 1945. Interessant ist, dass der Soldat rechts an jedem Handgelenk eine Armbanduhr als »Souvenir« trägt.

artete dies zu einem Massenphänomen aus wie bei der Roten Armee 1945.

Mit den Vergewaltigungen eng verbunden waren die zahlreichen willkürlichen Tötungen und Ermordungen deutscher Zivilisten. Aufgrund von Zeugenbefragungen ließen sich 3300 Tatorte namentlich ermitteln. Man schätzt, dass etwa 2 bis 3 Prozent der in den deutschen Ostgebieten zurückgebliebenen Personen getötet wurden. Das würde

eine Zahl von 90 000 bis 100 000 Opfern ergeben; hinzu kamen 20 000 »Volksdeutsche« auf dem Balkan. Regional traf es vor allem das Ermland, den Raum Danzig, Westpreußen und Ostpommern. Insbesondere in den ersten Tagen nach der Besetzung eines Gebiets kam es zu solchen Gewaltakten – übrigens im Unterschied zu den vorherigen deutschen Verbrechen in der Sowjetunion, die ganz überwiegend in der eigentlichen Besatzungszeit begangen worden waren.

Die sowjetischen Täter waren meist nicht Soldaten aus den rückwärtigen Diensten, wie man lange annahm. Vielmehr waren es häufig Infanteristen der Schützenverbände aus der zweiten oder dritten Welle, die das bereits feindfreie Gelände besetzten, um versprengte deutsche Soldaten und Einheiten zu suchen. Warum gerade die Schützenverbände? Dafür gab es mehrere Gründe. So war die Infanterie schon allein zahlenmäßig die stärkste Truppengattung in der Roten Armee und hatte – was wenig verwundert – die höchsten Verluste erlitten. Daher konnten sich kaum feste Kampfgemeinschaften bilden, die den einzelnen Soldaten psychischen Halt gegeben hätten. Zudem litt die Infanterie unter einer schlechten Personalauslese; der Bildungsstand ihrer Offiziere und Mannschaften war eher niedrig. Panzerverbände hingegen waren offenbar nur vergleichsweise selten an Ausschreitungen beteiligt; ihre Soldaten galten als die geistige Elite in der Roten Armee. Ein sowjetischer Hauptmann brachte das Verbrechensmuster plakativ auf den Punkt: »Für die erste Staffel die Uhren, für die zweite die Mädchen und für die dritte die Kleider.«

Daneben gab es eine Reihe indirekter Gründe für die Verbrechen insgesamt. Die Rote Armee hatte während des gesamten Kriegs eine Urlaubssperre verhängt, was die Soldaten frustrierte und ihre Bereitschaft zu Vergewaltigungen oder Plünderungen verstärkte. Durch Alkoholexzesse fielen häufig die letzten Hemmungen; dieses Phänomen war in den letzten Monaten des Kriegs in der Roten Armee weit verbreitet. Das wichtigste Motiv dürfte aber das Rachebedürfnis gewesen sein. Die Soldaten der Roten Armee hatten in den Monaten zuvor ihre von den Deutschen geschundene und zerstörte Heimat befreit. Sie waren Zeugen der Folgen zahlloser deutscher Verbrechen geworden; sehr viele von ihnen hatten Familienangehörige verloren. Zu ihrem Erstaunen mussten die Rotarmisten beim Übertritt auf Reichsgebiet zunächst feststellen, dass das Land ihrer Peiniger vom Krieg bisher kaum beeinträchtigt worden war, ja aus sowjetischer Perspektive lebten die Deutschen offenbar weiterhin im Reichtum.

Die sowjetische Propaganda befeuerte derlei Emotionen. Hatte sie bisher stets das Ziel der Befreiung der Heimat in den Mittelpunkt gestellt, änderte sich dies mit der Annäherung an die Reichsgrenze 1944. Fortan war das Motiv der Rache entscheidend. Häufig fällt in diesem Zusammenhang der Name des Schriftstellers Ilija Ehrenburg. In der Tat

Der sowjetische Schriftsteller und Germanist Lew Kopelew (1912–1997) erlebte als Offizier die Gräuel der Roten Armee in Ostpreußen. Da er dagegen opponierte, wurde er u. a. wegen »Mitleid mit dem Feind« zu 10 Jahren Gulag verurteilt. Dort lernte er Alexander Solschenizyn kennen, einen weiteren Schriftsteller und Offizier, der sich 1945 ebenfalls gegen die sowjetischen Exzesse gewandt hatte (siehe dessen Buch *Der Archipel Gulag*).

verfasste Ehrenburg mehrfach Propaganda- und Hetzschriften gegen alles Deutsche, die sehr leicht als Aufruf zu Mord und Verbrechen verstanden werden konnten. Allerdings war das Verhalten der Roten Armee in anderen mit Deutschland verbündeten Ländern, allen voran in Ungarn, nicht wesentlich besser. Vor Verallgemeinerungen über die Rote Armee sollte man sich gleichwohl hüten, wie die bekannten Beispiele von Lew Kopelew und Alexander Solschenizyn belegen.

Die Ausschreitungen und Plünderungen der Roten Armee nahmen ein solches Ausmaß an, dass sie dabei nicht selten ihren eigentlichen militärischen Auftrag gefährdeten. Mehrere Oberbefehlshaber, so Rokossowski und Konew, widersetzten sich in Gegenbefehlen bereits sehr früh den Gewalttaten, da sie einen Verfall der militärischen Disziplin befürchteten. Zudem wiesen sie darauf hin, dass sämtliche Sachgüter in den eroberten Gebieten bereits Eigentum der Sowjetunion seien und Zerstörungen daher zu unterbleiben hätten. Doch nicht nur die hohen Militärs reagierten, auch die sowjetische Propaganda nahm eine neuerliche Wendung. So schrieb die Zeitung *Prawda* am 14. April 1945: »In Erfüllung ihrer großen Befreiungsmission führt die Rote Armee ihren Kampf zur Liquidierung der Hitlerarmee, des Hitlerschen

Staates und der Hitlerregierung. Niemals jedoch bestand oder besteht ihr Ziel darin, das deutsche Volk zu vernichten.« Vier Tage später mahnte Stalin höchstpersönlich in einer Direktive »ein humaneres Verhalten zu den Deutschen« an. Warum diese Änderung? Mitte April drang die Rote Armee westlich von Oder und Neiße vor; anders als die Ostgebiete sollten diese Gebiete des Deutschen Reichs nicht annektiert werden. Den sowjetischen Soldaten, die den Sieg vor Augen hatten, war bewusst, dass Hass- und Racheparolen bei einer konstruktiven Befriedung des besetzten Deutschlands nicht mehr ins Konzept passten. So ging die Anzahl der Exzesse seitens der Roten Armee über die Wochen spürbar zurück.

Auch die deutschen Kriegsgefangenen erfuhren nun eine deutlich verbesserte Behandlung – allerdings erst in der Kapitulationsphase. Bis Ende 1944 waren 900 000 Soldaten in sowjetische Kriegsgefangenschaft geraten; ihre Sterberate lag bei weit über 50 Prozent. Auch wenn es keinen sowjetischen Vernichtungsplan für die deutschen Gefangenen gab, waren das erschreckend hohe Zahlen. Allein dies mag schon verdeutlichen, warum die deutschen Soldaten selbst 1945 noch wenig Neigung verspürten, sich zu ergeben. Und die Wehrmacht selbst nahm häufig genug auch keine Gefangenen. Das NS-Regime tat alles dafür, dass sich die Kämpfe noch einmal verschärften. Als Oberbefehlshaber der Heeresgruppe Weichsel erklärte Himmler, es gebe nur zwei Schicksale für den einzelnen Rotarmisten: »Entweder überzulaufen und sich gefangen zu geben oder als Bestie und Zerstörer jeder menschlichen Ordnung totgeschlagen zu werden.«

In den Kämpfen des Jahres 1945 sowie mit der Kapitulation gerieten weitere 2,2 Millionen deutsche Soldaten in sowjetische Gefangenschaft, wovon 2 Millionen in die Sowjetunion verbracht wurden. Das leidgeprüfte Land brauchte dringend Arbeitskräfte zum Wiederaufbau. Die Bergwerke und Arbeitslager in Sibirien wurden zum Symbol für das Schicksal und das Leiden Hunderttausender deutscher Kriegsgefangener. Dennoch war die Realität eine andere im Vergleich zur Kriegszeit. Die Sterberaten gingen ab 1945 drastisch zurück, das Leben vieler Gefangener normalisierte sich. Bis 1949 wurden die meisten Kriegsgefangenen entlassen, doch gleichzeitig behielt sich die Sowjetunion noch 50 000 Gefangene zurück. Diese wurden häufig pauschal in Kriegsverbrecherprozessen verurteilt, die nur selten rechtsstaatlichen Standards

1955 kehrten die letzten 10 000 Deutschen aus sowjetischer Kriegsgefangenschaft zurück. Die Öffentlichkeit hatte viel höhere Zahlen erwartet, doch die meisten Vermissten waren in den letzten Kriegswochen gefallen.

entsprachen. Die Männer fristeten dann oft ihr Dasein in den berüchtigten Straflagern des Gulag.

Ebenso deportierten Spezialeinheiten des berüchtigten Innenministeriums (NKWD) und der Roten Armee bei Kriegsende massenhaft deutsche Männer im Alter von 17 bis 50 Jahren als Arbeitskräfte in die Sowjetunion. Dabei handelte es sich häufig um ehemalige NS-Funktionäre, aber auch um zahllose ›normale‹ Bürger. Über die Anzahl dieser Deportierten lässt sich nur mutmaßen. Die Bandbreite reicht dabei von 200 000 bis 700 000; auch für ihre Sterblichkeitsrate liegen nur Schätzungen vor: Sie soll zwischen 20 und 35 Prozent gelegen haben. In Speziallagern der sowjetischen Militäradministration kamen 1945 in ihrer Besatzungszone noch einmal weitere 45 000 Menschen ums Leben.

Als 1955/56 schließlich die letzten Kriegs- und Zivilgefangenen nach Deutschland freigelassen wurden, war die Öffentlichkeit schockiert. Man hatte mit 100 000 Heimkehrern gerechnet, doch nun waren es nur etwa 10 000 Mann. Über all die Jahre war man in der deutschen Nachkriegsgesellschaft davon ausgegangen, dass weitaus mehr Menschen sich in sowjetischer Gefangenschaft befanden. In Wahrheit war ein Großteil dieser Vermissten bereits in den Kämpfen der letzten Kriegswochen ums Leben gekommen.

Flucht und Vertreibung der deutschen Bevölkerung

Eng verknüpft mit den Verbrechen der Roten Armee ist die Flucht und Vertreibung der deutschen Bevölkerung aus den Gebieten östlich von Oder und Neiße. 1939 lebten dort etwa 9,6 Millionen Deutsche; nur zehn Jahre später war das deutsche Leben hier praktisch erloschen, die Bevölkerung nach Westen vertrieben worden. Das Kapitel der Flucht und Vertreibung war eines der großen Traumata der deutschen Nachkriegsgesellschaft. Täter- und Opferschaft schienen bei diesem Thema zu nah beieinanderzuliegen, eine emotionsfreie Diskussion war kaum möglich. Beispielhaft war der Fall des renommierten Historikers und gebürtigen Ostpreußen Andreas Hillgruber. 1986 veröffentlichte er sein Buch *Zweierlei Untergang*, in dem er den Holocaust der Vertreibung der Deutschen aus den Ostgebieten gegenüberstellte. Hillgruber wurde dafür in Teilen seiner Zunft scharf kritisiert. Es half ihm nichts, dass bislang kaum ein zweiter deutscher Historiker so viel zur Aufarbeitung der NS-Zeit beigetragen hatte wie er.

Zweifelsohne galt in der ersten Hälfte des 20. Jahrhunderts ein Bevölkerungstransfer durchaus als ein legitimes Mittel der Politik, selbst in westlichen Staaten. London beispielsweise unterstützte mit Nachdruck den Bevölkerungsaustausch von Griechen und Türken nach dem Zerfall des Osmanischen Reichs in den 1920er Jahren und stimmte 1942 einer Vertreibung der Sudetendeutschen aus der Tschechoslowakei zu – noch bevor die Verbrechen der Nationalsozialisten in vollem Umfang bekannt waren. Britische wie auch andere Politiker pflegten freilich ein viel zu idealistisches Bild von solchen Maßnahmen, denn die allermeisten Bevölkerungstransfers waren von ungeheurer Härte und Brutalität begleitet. Den schrecklichen Höhepunkt stellte zweifelsohne die NS-Politik dar, bei der Bevölkerungstransfer und Genozid ineinander übergingen. Sicher ist: Hätte das Deutsche Reich 1939 nicht den Zweiten Weltkrieg begonnen, wäre der deutschen Bevölkerung in den Ostgebieten ein solch trauriges und brutales Schicksal erspart geblieben.

Flucht über das vereiste Frische Haff in Ostpreußen, Januar/Februar 1945

Bereits im Herbst 1944 löste das Herannahen der Roten Armee an die Reichsgrenze eine erste chaotische Flüchtlingswelle aus, zunächst im Memelgebiet. Die Staats- und Parteistellen zogen in den kommenden Monaten allerdings keine Lehren daraus. Sollte die Zivilbevölkerung in Ostpreußen evakuiert werden oder nicht? Aus Propagandagründen hielt es die Partei für opportun, auf eine Evakuierung zu verzichten. Sie befürchtete eine negative Stimmung sowie Unruhe in der Bevölkerung.

Der Beginn der sowjetischen Winteroffensive im Januar 1945 traf die deutsche Zivilbevölkerung daher völlig unerwartet. Bürgermeister und Parteipersonal flohen nun häufig als erste, was das Chaos noch verstärkte. Falls die Parteistellen auf ihrem Posten verblieben, agierten sie uneinheitlich. In Königsberg beispielsweise ergingen die Anträge zur Evakuierung erst, als die Rote Armee bereits zum finalen Schlag auf die Stadt ausholte. Der Gauleiter Erich Koch hatte seine Familie aber bereits im Januar nach Bayern geschickt. In Breslau hingegen konnten noch vor der Belagerung alle Kinder und Frauen unter 40 Jahren evakuiert werden.

Meist blieben die Zivilisten in diesem außergewöhnlich kalten Winter auf sich allein gestellt. Millionen setzten sich nach Westen oder in Richtung der Ostseehäfen in Bewegung, angetrieben von der Angst vor der Roten Armee. In den Zügen der Reichsbahn fand sich kaum noch ein Platz, und so entstanden die typischen Bilder von langen Flüchtlingstrecks aus Frauen, Kindern und Greisen, die all ihr Hab und Gut auf Pferdefuhrwerken oder gar nur auf Leiterwagen transportierten. Wie viele Berichte belegen, schlug sich der Anblick dieser Kolonnen negativ auf die Stimmung der deutschen Soldaten nieder, die Moral sank. Gleichwohl hielt die Wehrmacht die Flüchtlingstrecks häufig von den Straßen fern, um die eigenen Truppenbewegungen nicht einzuschränken – aus militärischer Sicht verständlich, human war es aber gewiss nicht. Wurden die Trecks von der Roten Armee »überrollt«, endete dies häufig in Plünderungen, Vergewaltigungen und Mord.

Fragen hat auch die Rolle der Kriegsmarine bei der Evakuierung der Flüchtlinge über die Ostsee aufgeworfen. Für den Seetransport gaben Hitler und Dönitz militärischen Belangen die Priorität: Verwundete Soldaten sowie Truppenverschiebungen von Kurland, Ostpreußen und Pommern in den Westen standen für sie an oberster Stelle; der Abtrans-

Für das Oberkommando der Marine hatte die Evakuierung von Zivilisten keine hohe Priorität. Nachgeordnete Stellen der Kriegsmarine ignorierten jedoch die Vorgaben, so dass auf dem Seeweg zwischen 800 000 und 1,3 Millionen Menschen evakuiert werden konnten.

port von Zivilisten hingegen war nachrangig. Flüchtlinge durften die militärischen Transporte »nicht beeinträchtigen«, wie es in einer Besprechung am 22. Januar 1945 hieß. Hitler bestätigte diese Dringlichkeitsliste zwei Monate später noch einmal. Für die politische und militärische Führung stand die »Sieg-oder-Untergang«-Strategie über den Belangen der deutschen Bevölkerung. Dönitz war also mitnichten der Retter von Millionen Flüchtlingen, als der er sich nach dem Krieg gerne darstellen wollte bzw. dargestellt wurde.

Allerdings: Viele nachgeordnete Marinestellen ignorierten die Vorgaben von oben und brachten Zivilisten auf die ohnehin schon völlig überfüllten Boote, so dass zwischen 800 000 und 1,3 Millionen Flüchtlinge über die Ostsee gerettet werden konnten. Damit war der Seeweg im Vergleich zum Landweg eine verhältnismäßig sichere Fluchtroute. Diese Tatsache wird häufig von den Tragödien der »Wilhelm Gustloff«, der »Steuben« und der »Goya« verdeckt. Diese Schiffe wurden von sowjetischen U-Booten versenkt, insgesamt 20 000 Menschen starben dabei.

Nach deutschen Angaben konnten bis Kriegsende über See und über Land etwa 70 Prozent der deutschen Bevölkerung aus den Ostgebieten evakuiert werden. Im Sommer 1945 setzte kurzfristig eine Rückzugswelle Richtung Osten ein, doch sehr schnell wurde klar, dass sie von den sowjetischen und polnischen Behörden keinesfalls gewollt war. Im Gegenteil: Die verbliebene deutsche Bevölkerung sollte laut Potsdamer Abkommen »in ordnungsgemäßer und humaner Weise« in die alliierten Besatzungszonen nach Deutschland gebracht werden. Dies betraf nicht nur die ehemaligen Ostgebiete, sondern auch die »Volksdeutschen« in anderen osteuropäischen Ländern: in Ungarn, in Jugoslawien und in der Tschechoslowakei. Die Bedingungen der »Umsiedlung« waren jedoch alles andere als human. Vielerorts wurden Deutsche einfach gelyncht und erschlagen; in Königsberg verhungerten 1945/46 Zehntausende.

Insgesamt mussten von Beginn der sowjetischen Winteroffensive 1945 bis zum Ende der »Umsiedlungen« 1948 gut 13 Millionen Deutsche ihre Heimat in Ostmitteleuropa verlassen. Die Zahl der auf der Flucht 1945 und bei den folgenden »Umsiedlungen« getöteten Deutschen sind – wie so viele Opferzahlen in der Endphase des Zweiten Weltkriegs und der unmittelbaren Nachkriegszeit – schwer zu eruieren. Ging man früher aufgrund simplifizierender Zählmethoden von gut 2 Millionen Toten aus, so liegen die heutigen Schätzungen zwischen 500 000 und 600 000, wobei noch eine unbestimmte Dunkelziffer hinzukommt. Es waren die grausigen Folgen einer brutalen Vertreibungspolitik.

Alliierter Luftkrieg

Ebenso wie Flucht und Vertreibung ist auch der alliierte Bombenkrieg über Deutschland bis heute ein kontrovers diskutiertes Thema, sowohl in militärischer als auch in moralischer Hinsicht. Zweifellos gelang es der Royal Air Force und den US Army Air Forces erst ab Sommer 1944, die deutsche Rüstungsindustrie entscheidend zu schwächen. Allerdings trug der Bombenkrieg auch viel zur Befreiung Westeuropas bei. Denn aufgrund der monatelangen hohen Verluste der deutschen Jagdwaffe über dem Reich konnte die Luftwaffe den Heerestruppen im Westen keinen ausreichenden Schutz mehr bieten. Ab Sommer 1944 beschleunigten die alliierten Bombenangriffe auf deutsche Industrieziele zudem rasant den Zusammenbruch der deutschen Kriegswirtschaft. Eine Fortsetzung von Speers »Rüstungswunder« – also der hohen Steigerung der Produktionszahlen im Krieg – war daher nicht möglich, und die Zerstörung der Treibstoffindustrie wirkte sich massiv auf die Beweglichkeit der deutschen Land- und Luftstreitkräfte aus. Der Bombenkrieg hat also zweifellos den Zweiten Weltkrieg verkürzt.

Die Antworten auf andere Fragen bleiben bis heute umstritten: Welchen moralischen Preis forderten diese Erfolge? War der alliierte Luftkrieg gegen die Zivilbevölkerung des verbrecherischen NS-Regimes gerechtfertigt? Hatte der alliierte Bombenkrieg seine eigene militärische Logik oder war er eine Antwort auf die deutschen Luftangriffe auf England mit 60 000 zivilen Opfern? War die Bombardierung deutscher Städte ein Kriegsverbrechen? Diesen komplexen Fragen kann in diesem Zusammenhang nicht nachgegangen werden. Vielmehr stehen im Folgenden einige Bemerkungen zur Schlussphase des Bombenkriegs im Mittelpunkt.

Insgesamt starben aufgrund des alliierten Bombenkriegs zwischen 360 000 und 465 000 Menschen auf Reichsgebiet. Allein die letzten fünf Kriegsmonate forderten wohl über die Hälfte dieser Opfer. Der

Hamburg während des Luftangriffs der Royal Air Force in der Nacht vom 24. auf den 25. Juli 1943 (Operation »Gomorrha«). Insgesamt wurde die Hansestadt im Krieg von über 200 Angriffen heimgesucht, weit über 30 000 Menschen starben dabei.

Großteil davon waren deutsche Zivilisten, doch es befanden sich auch viele ausländische Zwangsarbeiter darunter. Zudem war bei Kriegsende in Städten mit über 20 000 Einwohnern etwa 40 Prozent des Wohnraums zerstört. In mehreren Städten wie Köln, Hamburg, Hannover oder Dortmund lag dieser Anteil bei bis zu 70 Prozent. Nur wenige Städte wie Wiesbaden überstanden den Krieg weitgehend unbeschadet; aber selbst dort waren immerhin noch etwa 30 Prozent der Häuser zerstört oder beschädigt.

In den letzten Kriegsmonaten intensivierten die Alliierten noch einmal den Luftkrieg. Im März 1945 fielen auf das Reichsgebiet die meisten Bomben, zu einem Zeitpunkt also, als die Bombardierung militärisch nur noch ganz beschränkt Sinn ergab. Eine deutsche Luftverteidigung existierte praktisch nicht mehr, die alliierten Bomber hatten leichtes Spiel. Vor allem die Royal Air Force ›perfektionierte‹ ihr Flächenbombardement deutscher Städte.

Auf dem Altmarkt in Dresden werden die Opfer der alliierten Luftangriffe (13.–15. Februar 1945) verbrannt.

Symbolischer Höhepunkt des Luftkriegsinfernos war die Bombardierung Dresdens vom 13. bis 15. Februar 1945, bei der 25 000 Zivilisten starben; »Elb-Florenz« lag in Trümmern. Die Bombardierung Dresdens löste einen Schock aus. Kurzzeitig überlegte die deutsche Führung sogar, die Genfer Konvention gegenüber den Westmächten aufzukündigen. Die NS-Propaganda sprach von 250 000 Toten – eine falsche Zahl, die auch nach dem Krieg immer wieder kursierte und einen angeblichen »Bomben-Holocaust« belegen sollte. Die Gründe für diesen Luftangriff sind bis heute nicht klar. Militärisch war die Bombardierung sinnlos. Womöglich wollten Briten und Amerikaner gegenüber Stalin ihre Stärke demonstrieren; schließlich war soeben die Konferenz von Jalta zu Ende gegangen, bei der die Nachkriegsordnung Europas verhandelt worden war.

Im Gegensatz zu allen anderen Bombardierungen hatte der Angriff auf Dresden Folgen im alliierten Lager. Bei Churchill löste die Zerstörung »ernste Zweifel« an der eigenen Bombenkriegführung aus, obwohl er zuvor diese Operation noch ausdrücklich unterstützt hatte. Nun aber fürchtete der Premier um den Wohnraum für die eigenen Besatzungstruppen. Vor allem jedoch schien sich die Stimmung in der britischen und amerikanischen Öffentlichkeit gegen den Luftkrieg mit den Flächenbombardements zu wenden. Bezeichnenderweise erwähnte Churchill in seiner Siegesansprache vom 13. Mai 1945 die Leistungen des Bomber Command unter Arthur Harris (»Bomber« Harris) mit keiner Silbe.

Der alliierte Bombenkrieg ging aber auch nach Dresden weiter. Nur zehn Tage später legte die Royal Air Force Pforzheim in Schutt und Asche, fast 18 000 Menschen starben dabei. Köln und Essen erlebten noch einen letzten Bombenhagel, bevor alliierte Streitkräfte wenige Tage später in die Städte einzogen. Würzburg und Hildesheim waren in der zweiten März-Hälfte weitere prominente Ziele. Den letzten großen Nachtangriff des Kriegs flog die Royal Air Force am 14./15. April 1945 auf die alte preußische Residenzstadt Potsdam. Tags darauf erklärten Briten und Amerikaner mit der *Directive No. 4* den strategischen Bombenkrieg für beendet. Der Grund war einfach, aber auch schauerlich: Es gab keine lohnenden Luftziele mehr. Fortan sollten die eigenen Luftstreitkräfte ausschließlich zur Unterstützung der Landstreitkräfte eingesetzt werden. In der Nacht vom 3. auf den 4. Mai fielen die letzten Bomben des Kriegs in Europa auf Kiel.

➚ Ein deutscher Soldat feuert eine Panzerfaust ab, Schlesien im März 1945.

7 Warum kämpfte die Wehrmacht so lange?

Am 25. April 1945 war Jodl zu Besuch auf Heinricis Gefechtsstand bei Prenzlau. Die Stadt war schwer zerstört, Flüchtlinge strömten Richtung Westen, und die abgekämpften Wehrmachtverbände vermittelten ein deprimierendes Bild. »Jodl, sehen Sie das alles?«, fragte Heinrici voller Empörung. »Warum lassen Sie das alles noch geschehen? Wofür kämpfen wir eigentlich noch?« Eine ernstzunehmende Antwort blieb aus. Daher bohrte Heinrici weiter: »Sind endlich Verhandlungen mit dem Feind eingeleitet? Wenn ja, wo finden sie statt?« Jodl schwieg eine Weile, dann antwortete er: »Solange der Führer lebt, gibt es keine Verhandlungen!« Heinrici ließ nicht locker: »Aber sehen Sie doch selbst, so geht das doch nicht weiter! Was soll denn aus all dem werden, wenn keine Verhandlungen angeknüpft sind? Wie stellen Sie sich denn den Ausgang des Ganzen vor?« Jodl erwiderte: »Wir müssen als Erstes den Führer befreien. Dieser wird schon den richtigen Ausweg finden!«

Heinrici erkannte zweifelsohne die Sinnlosigkeit der Situation. Schon seit zwei Jahren hielt er den Krieg für militärisch verloren. Doch

Konsequenzen zog er daraus keine, selbst Ende April 1945 noch nicht. Im Grunde unterschieden sich seine Gedanken gar nicht so sehr von jenen Jodls, wie sich tags darauf herausstellte. Am 26. April besprach sich Heinrici mit dem ihm unterstellten General Hasso von Manteuffel, dem Oberbefehlshaber der 3. Panzer-Armee. Manteuffel äußerte die Idee, das OKW verhaften zu lassen, auch auf die Gefahr eines Blutvergießens hin. Doch Heinrici lehnte ab. Nur wenige Tage nach der Kapitulation begründete er sein Prinzip des unbedingten Gehorsams:

> Mir widerstrebte es jedoch auf das Äußerste, die Wehrmacht – oder zumindest das Heer – mit einem solchen Ausklang des Krieges zu belasten. Ihr sollte niemand nachsagen können, sie habe Hitler gehorcht, solange er die Macht besaß, jedoch gemeutert, sobald sie ihn – wie zurzeit – nicht mehr zu fürchten brauchte.

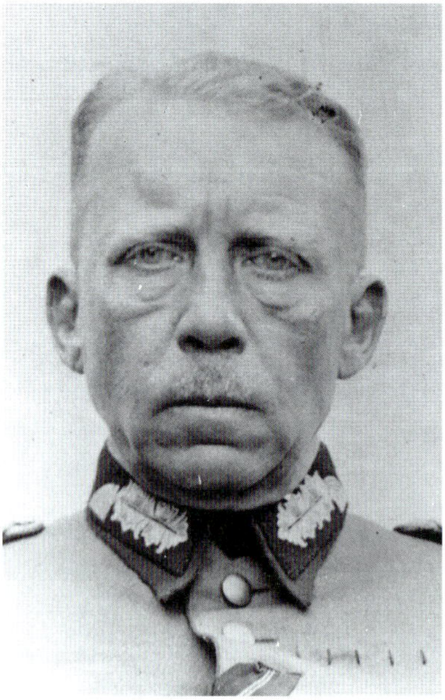

Unbedingter Gehorsam gegenüber Hitler trotz Gewissenskonflikten: Generaloberst Gotthard Heinrici (1886–1971), 1945 Oberbefehlshaber der Heeresgruppe Weichsel

Wie alle deutschen Soldaten hatte Heinrici 1934/35 seinen Eid auf den »Obersten Befehlshaber der Wehrmacht« geleistet. Die formale Bindung an den »Führer« war vielen, ja zu vielen Offizieren mehr wert als ihre Verantwortung für die ihnen unterstellten Soldaten, für die Zivilbevölkerung, die eigene wie auch die fremde. Auch die katastrophalen militärischen, politischen und nicht zuletzt moralischen Folgen im Allgemeinen, die zwangsläufig aus diesem Krieg und auch aus ihrem militärischen Einsatz erwuchsen, erschienen ihnen zweitrangig. »Selbstständiges Handeln gegen den Willen des Führers [...] ist auch jedem Soldaten aufs innerste zuwider«, lautete Heinricis Urteil. Begründet wurde dies nicht zuletzt mit den Erfahrungen, die viele ältere Offiziere am Ende des Ersten Weltkriegs gemacht hatten. Ein »zweites 1918« durfte es für sie nicht geben. Front und Heimat sollten diesmal eng zusammenstehen, eine vermeintlich zu frühe Kapitulation kam nicht in Frage. Was zumindest bei den meisten Generälen dominierte, war die »Pflicht zum Untergang« (John Zimmermann). Dabei war Heinrici gar kein überzeugter Nationalsozialist und lehnte rabiate Durchhaltemethoden wie etwa Massenerschießungen eigener Leute entschieden ab.

Wie viele andere versuchte Heinrici zudem, seinem Kampf bis zum Schluss einen moralischen Sinn zu geben: Durch ein Halten gegen die Rote Armee, sagte er sich, würden tatsächlich viele eigene Soldaten und Zivilisten noch zu den Westmächten gelangen können. Für dieses Argument sprach in den letzten Tagen des Zweiten Weltkriegs tatsächlich einiges, doch entscheidend waren eine Reihe tiefergehender Motive. Die Deutschen fürchteten ganz einfach die Rache der Roten Armee. Diese Rache war keineswegs nur ein Konstrukt der NS-Propaganda, sie war grausame Realität und für den einzelnen Soldaten ganz konkret zu beobachten: Nicht wenige Soldaten der Wehrmacht und vor allem der Waffen-SS wurden nach ihrer Gefangennahme erschossen – so wie sie es zuvor immer wieder selbst mit ihren sowjetischen Gegnern getan hatten.

Hinzu kam eine weitere Furcht der Wehrmachtsoldaten: Keinesfalls wollten sie als »Deserteure« dem immer besser organisierten System der permanenten Überwachung und Denunziation ausgeliefert und anschließend hingerichtet werden. Offizieren, Unteroffizieren und Mannschaften war durch zahlreiche Befehle, aber auch durch drastische Beispiele gehenkter »Drückeberger« klar, was mit ihnen passieren konnte, wenn sie ihre Stellung verließen, sich ohne Befehl zurückzogen oder auch nur ohne einen Marschbefehl oder Urlaubsschein unterwegs waren. Selbst der Verlust der Waffe konnte in den letzten Monaten des Kriegs als todeswürdiges Verbrechen gelten.

Viele Deutsche – und damit auch deutsche Soldaten – quälte die Furcht vor den politischen und auch ganz existenziellen Folgen einer Niederlage. Würde das Deutsche Reich dann noch fortbestehen? Die Forderung der Alliierten nach einer »bedingungslosen Kapitulation« mag einerseits politisch notwendig gewesen sein, um das NS-Regime nachhaltig zu zerschlagen und die eigene Koalition zusammenzuhalten. Andererseits gelang es der NS-Propaganda, diese kompromisslose

Bericht des SS-Obergruppenführers Heinz Reinefarth vom 31. März 1945 über die Kämpfe in der »Festung« Küstrin:

»Ich gab strikten Befehl, bei jeder Gehorsamsverweigerung rücksichtslos von der Waffe Gebrauch zu machen. Mehrere Soldaten wurden darauf von Offizieren erschossen, worauf die übrigen erklärten, es sei ihnen gleich, ob sie von deutschen Offizieren oder vom Russen erschossen würden, sie gingen jedenfalls nicht weiter vor. […] Das Unternehmen [Ausbruch aus der ›Festung‹], das nach menschlichem Ermessen und den Erfahrungen der Angriffe von Westen her aussichtslos erschien, hatte den moralischen Vorteil, dass die Truppe wenigstens einen anständigen Soldatentod sterben, damit die Schande erspart und schließlich verhindert würde, dass dem Russen über 1000 neue Arbeitskräfte zugeführt würden. Damit war ich der festen Überzeugung, im Sinne des Führers zu handeln.«

BArch, RH 20-9/620, SS-Obergruppenführer Heinz Reinefarth, Bericht über den Fall der Festung Küstrin und den Durchbruch der Rest-Besatzung, 31. März 1945

Entgegen Hitlers Befehl brach Reinefarth mit gut 1000 Mann am 28./29. März aus der Festung aus. Hitler verurteilte ihn daraufhin zum Tode. Das Urteil wurde jedoch aufgrund der Kriegswirren nicht vollstreckt. Reinefarth war zwischen August und Oktober 1944 verantwortlich für die brutale Niederschlagung des Warschauer Aufstands. Von 1951 bis 1964 war er Bürgermeister von Westerland auf Sylt sowie von 1958 bis 1962 Landtagsabgeordneter in Schleswig-Holstein.

Haltung des Gegners geschickt für ihre eigenen Zwecke auszunutzen. Die Grausamkeiten der Roten Armee im deutschen Osten 1945 oder die britischen und amerikanischen Luftangriffe auf deutsche Städte galten als Beweis für diesen angeblichen »Vernichtungswillen« des Feinds. Jetzt, da sich der Krieg zum Ende neigte, konnte Deutschland erst recht von den Siegern keine Gnade erwarten – das glaubten zumindest viele deutsche Soldaten. Auch dabei schwang fast immer die Furcht vor Rache mit. Denn obwohl nur ganz wenige Soldaten das komplexe Mordgeschehen der NS-Herrschaft in der Gesamtschau kennen oder begreifen konnten, hatten doch viele aus eigenem Erleben, aus eigener Verantwortung oder vom Hörensagen von Verbrechen erfahren, die zuvor

Parade der Wehrmacht zu Hitlers 50. Geburtstag in Berlin am 20. April 1939. Die Frage nach dem Grad der NS-Indoktrination in der Wehrmacht ist in der Forschung nach wie vor strittig.

in vielen besetzten Gebieten Europas begangen worden waren. Mit anderen Worten: Eine positive Zukunft nach einer bedingungslosen Kapitulation konnten sich viele Deutsche ganz einfach nicht mehr vorstellen. Das sorgte für eine beispiellose Untergangsstimmung.

Will man den Durchhaltewillen der Wehrmacht verstehen, muss man das weit verbreitete Gefühl von Angst, Furcht und Hoffnungslosigkeit berücksichtigen. Angesichts der drohenden Rache des Gegners, der Furcht vor dem ungewissen Schicksal der Familie und der Heimat sowie vor den Feldjägerkommandos und Standgerichten im Rücken der Front war in den letzten Kriegswochen bei der Fronttruppe aus der »kleinen Kampfgemeinschaft« eine »Notgemeinschaft im Untergang« geworden.

Eine zentrale Frage ist bis heute, welchen Anteil die NS-Ideologie am Durchhaltewillen der Wehrmacht hatte. Die Westalliierten kamen bei ihren umfassenden Befragungen deutscher Kriegsgefangener zu dem Ergebnis, dass 1944/45 nur ein kleiner Kern von etwa 15 Prozent der Soldaten wirklich fest an den Nationalsozialismus glaubte. Diese Soldaten waren vorrangig in der Waffen-SS und im jüngeren Offizierkorps zu finden, also bei Männern, die im NS-Staat sozialisiert worden waren. Dieser Minderheit – so die Analyse der Westalliierten – gelang es immer wieder, die große Masse der restlichen Soldaten »mitzureißen«.

Neuere Forschungen gehen teilweise von einem höheren Anteil überzeugter Nationalsozialisten in der Wehrmacht aus oder sprechen sogar von einer »nationalsozialistischen Wehrmacht«. Andere Wissenschaftler wiederum betonen, es habe fließende Übergänge und zahllose Grauschattierungen vom überzeugten Nationalsozialisten bis zum konsequenten Anti-Nationalsozialisten gegeben. Wie dem auch sei: Die klassischen militärischen Wertvorstellungen wie Vaterlandsliebe, Mut, Treue oder Gehorsam besaßen in jeder Armee und somit auch in der deutschen traditionell einen hohen Stellenwert. Da sich der Nationalsozialismus selbst als eine »kämpferische« Ideologie verstand, überhöhte oder pervertierte er viele dieser ursprünglich militärischen Tugenden. Gerade vor dem Hintergrund der Situation im letzten Kriegsjahr, als es vordergründig tatsächlich um die »Verteidigung der Heimat« zu gehen schien, lässt sich die Motivation der damals Kämpfenden kaum eindeutig der einen oder anderen Tradition zuordnen.

Abschließend muss man aber auch betonen, dass die Wehrmacht insgesamt keinen fanatischen Kampf bis zum letzten Mann und bis zur

Ein japanischer Kamikaze-Angriff auf das US-Schlachtschiff »Missouri« während der Schlacht von Okinawa, 11. April 1945. Im Gegensatz zur japanischen Armee stellten Wehrmacht und Waffen-SS keine Selbstmord-Verbände auf.

letzten Patrone führte, wie es zahllose Befehle eigentlich verlangten. Zum Schluss zog die weitaus überwiegende Anzahl der Soldaten der Wehrmacht wie auch der Waffen-SS die Gefangenschaft dem Tod vor – selbst eine sowjetische. Himmler mochte zwar seiner Waffen-SS immer wieder die Soldaten der japanischen Armee als leuchtende Vorbilder hinstellen, die sich selten ergaben. Doch weder Wehrmacht noch Waffen-SS kamen diesem japanischen Ehrenkodex auch nur im Entferntesten nahe: Insgesamt gingen vor der Gesamtkapitulation nur etwa 40 000 bis 50 000 japanische Soldaten in alliierte Kriegsgefangenschaft; bei der Wehrmacht hatten das bereits Ende 1944 etwa 1,5 Millionen Mann getan. Ebenso verpufften die Versuche, eine nationalsozialistische Partisanenbewegung (»Werwolf«) aufzubauen. Im Mai 1945 wollten Wehrmacht und auch Waffen-SS nicht mehr weiterkämpfen, ihr Wille war gebrochen. Auch die Letzten mussten nun erkennen, dass ein weiteres Töten und Sterben sinnlos war. Damit war die deutsche Niederlage in jeder Hinsicht total.

↗ **Generalfeldmarschall Wilhelm Keitel unterzeichnet die bedingungslose Kapitulation der Wehrmacht im sowjetischen Hauptquartier in Berlin-Karlshorst, 9. Mai 1945.**

8 Die bedingungslose Kapitulation

Die Eroberung Berlins war noch nicht gleichbedeutend mit dem Ende des Zweiten Weltkriegs in Europa. Erstmals trafen sich sowjetische und amerikanische Soldaten am 25. April bei Strehla an der Elbe. Da in der unmittelbaren Umgebung aber zahlreiche Leichen eines deutschen Flüchtlingstrecks lagen, bot sich der Ort nicht für eine publikumswirksame Medieninszenierung an. Also wurde die Sache gut 30 Kilometer nördlich nach Torgau an der Elbe verlegt, wo sich Rotarmisten und GIs symbolisch die Hände reichten.

Damit war der deutsche Machtbereich geteilt. Anfang Mai hielten sich deutsche Truppen noch in Sachsen, Böhmen, Mähren, Teilen Österreichs, Sloweniens, Kroatiens und der Niederlande sowie im äußersten Norden Deutschlands, wo Dönitz seinen Regierungssitz hatte. Hinzu kamen einige »Atlantikfestungen« und griechische Inseln, Kurland sowie vor allem ganz Dänemark und Norwegen.

Eine geschlossene deutsche Front gab es vielfach nicht mehr, sondern höchstens noch eine stützpunktartige Verteidigung. Es fehlte überall an Waffen und Gerät. Beispielsweise meldete die 21. Armee in Mecklenburg Ende April, es seien gerade noch 58 panzerbrechende Waffen für die gesamte Armee vorhanden. Allerorten versuchten die zerschlagenen Verbände von Wehrmacht und Waffen-SS, sich Richtung Westen in amerikanische oder britische Kriegsgefangenschaft zu retten.

Insgeheim hegten einige deutsche Politiker und Offiziere die Hoffnung, dass sich trotz der verzweifelten Situation ein Bündnis mit den Westalliierten gegen die Sowjetunion schließen ließe. Selbst Hitler waren derlei Gedanken in den letzten Kriegstagen nicht ganz fremd, wie er in einer Lagebesprechung am 23. April 1945 andeutete. In diesem Sinne ließ auch die Heeresgruppe Weichsel bei den Westalliierten sondieren. Parlamentäre sollten erklären, dass man kein Interesse mehr an einem weiteren Kampf gegen Briten und Amerikaner habe. Gleichzeitig woll-

Der britische Field Marshal Bernard Montgomery (rechts) verliest die Bedingungen der Teilkapitulation, Lüneburger Heide am 4. Mai 1945. In der Mitte der Chef der deutschen Delegation und Oberbefehlshaber der Kriegsmarine Generaladmiral Hans-Georg von Friedeburg (Mitte).

te die Heeresgruppe wissen, ob ein »eigener Führungsapparat für die Fortsetzung des Kampfes gegen den Bolschewismus bestehen« bleiben könne. Nur falls die Alliierten ablehnten, wollte man den Kampf gegen sie genauso wie gegen die Sowjetunion weiterführen.

Derlei Ideen entsprachen auch weitgehend der Regierungslinie. Dönitz wollte den Krieg möglichst schnell beenden. Prominente Nationalsozialisten wie Himmler oder Ribbentrop stellte Dönitz daher ins Abseits, um die Verhandlungen mit den Alliierten nicht zu gefährden. Andere hohe SS-Leute gehörten aber seiner Regierung an, und auch die NSDAP ließ er nicht verbieten – der Großadmiral sah sich ganz in der Kontinuität der bisherigen Regierung Hitlers. Auch flüchteten einige NS- und SS-Größen nach Schleswig-Holstein (»Rattenlinie Nord«) und erhielten »Persilscheine«. In den kommenden Tagen verfolgte Dönitz eine Verzögerungstaktik: Gegen die sowjetischen Soldaten ließ er weiterkämpfen, gegenüber den Westalliierten ließ er die Front öffnen. Auch auf dem Seeweg trafen noch einmal Zehntausende von Flüchtlingen aus den ehemaligen deutschen Ostgebieten in den Häfen Schleswig-Holsteins und Dänemarks ein. Insgesamt konnten in dieser ersten Maiwoche noch etwa 1,75 Millionen Soldaten und Zivilisten in den Westen fliehen. Einer Gruppe boten die Westalliierten jedoch keinen Schutz: den ehemaligen Soldaten der Roten Armee, die 1945 auf deutscher Seite kämpften. Gemäß den Vereinbarungen der Konferenz von Jalta lieferten Briten und Amerikaner Zehntausende gefangene Kosaken in deutscher Uniform sowie Soldaten der ROA der Sowjetunion zur »Repatriierung« aus. In der Realität bedeutete dies meist den Tod; Wlassow selbst wurde Anfang 1946 gehenkt.

Selbst in dieser völlig ausweglosen Situation wollten aber nicht alle Politiker und Spitzenmilitärs kapitulieren. Bei einem Treffen am 3. Mai sprachen sich Jodl, Keitel sowie die Wehrmachtbefehlshaber Dänemark und Norwegen, Generaloberst Georg Lindemann und General Franz Böhme, für eine Fortführung des Kriegs in Skandinavien aus. Dort stünden noch schlagkräftige deutsche Truppen, die als Faustpfand für diplomatische Verhandlungen dienen könnten, lautete ihre krude Argumentation.

Dönitz hingegen ließ am 4. bzw. 5. Mai mit Briten und Amerikanern die ersten Teilkapitulationen für die Wehrmacht in Norddeutschland und Südwestdeutschland unterzeichnen. In Italien ruhten schon seit dem 2. Mai die Waffen, nachdem die Wehrmacht und der Höchste SS- und Polizeiführer Italien, SS-Obergruppenführer Karl Wolff, ohne Wissen Hitlers wochenlang über eine Sonderkapitulation verhandelt hatten. In den frühen Morgenstunden des 7. Mai unterzeichnete schließlich Jodl in Eisenhowers Hauptquartier in Reims die bedingungslose Kapitulation der deutschen Streitkräfte. Sie galt aber de facto nur gegenüber den Westalliierten.

Gegen die Sowjetunion ging der Krieg hingegen noch zwei Tage weiter. Problematisch war vor allem die Lage bei Schörners Heeresgruppe Mitte in Sachsen und Böhmen, wo sich mit 800 000 Mann die Masse der verbliebenen deutschen Streitkräfte befand; sie waren zudem noch vergleichsweise gut ausgerüstet. Überdies war Schörner gemäß Hitlers Testament auch noch Oberbefehlshaber des Heeres geworden. Der Oberbefehlshaber der Luftwaffe Greim befand sich ebenfalls bei Schörner. Beide hatten für Dönitz' Pläne kein Verständnis, eine Kapitulation kam für sie nicht in Frage. Schörner meldete daher am 4. Mai, seine Heeresgruppe könne Böhmen und Mähren halten.

In Wahrheit überrollten Schörner aber bald die Ereignisse. Am 5. Mai begann in Prag ein Volksaufstand gegen die Deutschen. Über all die Jahre hatte sich die tschechische Bevölkerung gegenüber den Besatzern weitgehend ruhig verhalten, doch nun brach sich die Wut auch dort Bahn. Da die 3. US-Armee schon bei Pilsen stand, war die Hoffnung auf eine westalliierte Unterstützung groß. Dies schürte Stalins Misstrauen, der vermutete, die Amerikaner wollten ihm mit einem Vorstoß auf Prag zuvorkommen. Die Rote Armee musste also die deutsche Heeresgruppe Mitte möglichst schnell zerschlagen.

Am 6. Mai begann die Rote Armee mit der 1., 2. und 4. Ukrainischen Front die »Prager Operation«, um die Heeresgruppe Mitte großräumig einzukesseln. Die Rote Armee verlor in diesen letzten drei Tagen des Zweiten Weltkriegs noch einmal unglaubliche 12 000 Tote und 40 000 Verwundete. Diese Zahlen verdeutlichen zweierlei: Erstens leistete die Heeresgruppe Mitte in der Tat noch hartnäckig Widerstand, weil viele Verbände versuchten, sich nach Westen zu den amerikanischen Linien durchzuschlagen. Zweitens zeigten sie erneut den Charakter von Stalins Kriegführung ohne Rücksicht auf eigene Verluste.

Der Nationalsozialist Schörner gab in jenen Tagen ein extrem unrühmliches, aber auch in vielfacher Hinsicht symptomatisches Bild

Europa am 8. Mai 1945
bei Kriegsende von deutschen Truppen gehaltene Gebiete
Alliierte mit befreiten bzw. besetzten Gebieten
neutrale und nichtkriegführende Staaten
ISLAND (US-besetzt)
Europäisches Nordmeer
Kirkenes
Narvik
SCHWEDEN
FINNLAND
Drontheim
NORWEGEN
Bergen
OSLO
STOCKHOLM
HELSINKI
Reval
Shetland-Ins.
Orkney
Göteborg
Kurland
Riga
Glasgow
Nordsee
DÄNEMARK
KOPENHAGEN
Ostsee
Memel
GROSS-
BRITANNIEN
DUBLIN
IRL.
Manchester
Bornholm
Kaunas
Mürwik
Kiel
Königsberg
Danzig
NIEDERLANDE
Hamburg
Stettin
Bialystok
Amsterdam
DEN HAAG
Prenzlau
Weichsel
LONDON
Hannover
BERLIN
Posen
Warschau
DEUTSCHES REICH
Essen
Lodz
Dünkirchen
BRÜSSEL
BEL.
Köln
Torgau
Elbe
Dresden
Oder
Guernsey
Jersey
Cherbourg
Rhein
Breslau
Baranow
Brest
Seine
Frankfurt
Krakau
Lemberg
Lorient
Lux.
Prag
Reims
PARIS
Nürnberg
St. Nazaire
Stuttgart
SLOWAKEI
Loire
Donau
FRANKREICH
München
Linz
Wien
UNGARN
La Rochelle
BERN
L.
BUDAPEST
Biskaya
SCHWEIZ
Royan
Vichy
Lyon
Szeged
RUMÄNIEN
Bordeaux
Mailand
Venedig
ZAGREB
Po
Rhône
KROATIEN
Genua
Toulouse
BELGRAD
Sarajevo
Nizza
SERBIEN
Florenz
Adriatisches Meer
A.
Marseille
SPANIEN
ITALIEN
M.
Korsika
BLG.
Barcelona
ROM
ALB.
0 100 200 300 400 500 km
© ZMSBw 08265-05

Flensburg-Mürwik, 23. Mai 1945: Die britische Armee verhaftet die »geschäftsführende« Regierung von Großadmiral Karl Dönitz und besiegelt damit endgültig das Ende des Dritten Reichs.

eines Opportunisten und Karrieristen im NS-Staat ab. Stets hatte er mit äußerster Härte und Brutalität seine Soldaten zum Weiterkämpfen gezwungen sowie fanatischen Widerstandswillen gefordert. Nun aber, als es um seine eigene Person ging, ließ er seine Truppe im Stich und floh als Zivilist mit einem Fieseler Storch nach Österreich. Im Nachhinein versuchte er sich damit zu entschuldigen, dass er den Widerstand in der »Alpenfestung« habe organisieren müssen. Dazu kam es aber nicht – zum einen, weil es entgegen den Beteuerungen der NS-Propaganda keine »Alpenfestung« gab, zum anderen, weil die Amerikaner Schörner umgehend in Gefangenschaft nahmen und ihn kurz darauf an Moskau auslieferten. Nach seiner Rückkehr aus sowjetischer Kriegsgefangen-

Selbstmord von Spitzenmilitärs im Zuge der Kapitulation 1945

Name	Funktion	Zeitpunkt
Generalfeldmarschall Walter Model	Oberbefehlshaber der Heeresgruppe B	21. April 1945
General der Panzertruppe Karl Decker	Kommandierender General des XXXIX. Panzerkorps	23. April 1945
Generalmajor Georg Scholze	Kommandeur der 20. Panzer-Grenadier-Division	27. April 1945
General der Infanterie Hans Krebs	Chef des Generalstabs des Heeres	1. Mai 1945
General der Infanterie Wilhelm Burgdorf	Chefadjutant des OKW bei Hitler und Chef des Heerespersonalamts	1. Mai 1945
Generalmajor Erich Bärenfänger	Kommandant des Verteidigungsabschnitts A in Berlin	3. Mai 1945
Generalleutnant Erpo von Bodenhausen	Kommandierender General des L. Armeekorps	9. Mai 1945
Generaladmiral Hans-Georg von Friedeburg	Oberbefehlshaber der Kriegsmarine	23. Mai 1945
Generalfeldmarschall Robert Ritter von Greim	Oberbefehlshaber der Luftwaffe	24. Mai 1945
Generalmajor Walter Scherff	Beauftragter für die Kriegsgeschichtsschreibung	24. Mai 1945
Generalleutnant Eberhard Kinzel	Chef des Stabes Heeresgruppe Weichsel bzw. des Operationsstabes Nord (Dönitz)	24. Juni 1945

Hinzu kommen etwa 30 weitere Generäle und Admiräle, teilweise bereits a.D.

schaft 1955 wurde er in der Bundesrepublik zweimal rechtskräftig verurteilt und in der westdeutschen Nachkriegsgesellschaft geächtet. Man verzieh ihm nie seine brutalen Methoden in der Endphase des Kriegs und seinen charakterlosen Fluchtversuch bei Kriegsende.

Kurz nach Mitternacht am 9. Mai 1945 unterzeichneten schließlich Keitel für das OKW und das Heer, Generaladmiral Hans-Georg von Friedeburg für die Kriegsmarine und Generaloberst Hans-Jürgen Stumpff für die Luftwaffe erneut die bedingungslose Kapitulation der Wehrmacht, diesmal mit der Sowjetunion in Berlin-Karlshorst. Offiziell war damit der Zweite Weltkrieg in Europa zu Ende. Allerdings verzögerten sich teilweise die Kapitulationen der versprengten deutschen Truppenreste noch. So streckte die Heeresgruppe Kurland mit 200 000 Mann erst am 10. Mai die Waffen, die »Festung« Dünkirchen am 11. Mai. Auf den Kanalinseln betraten britische Truppen erst am 16. Mai wieder Heimatboden und entwaffneten die deutsche Besatzung. Als Letztes kam schließlich ein abgelegener deutscher Trupp mit Meteorologen auf dem norwegischen Spitzbergen-Archipel in alliierte Gefangenschaft: Man schrieb bereits den 4. September 1945.

Es ist umstritten, ob nach der bedingungslosen Kapitulation der Wehrmacht am 9. Mai 1945 das Dritte Reich formal noch fortbestand. Endgültig wurde dieser Spuk aber zwei Wochen später beendet: Am 23. Mai 1945 verhafteten die Briten Dönitz, Jodl, Speer und weitere Regierungsmitglieder in Flensburg-Mürwik. Damit platzten sämtliche Illusionen der Regierung Dönitz, sie könne eine wie auch immer geartete politische Rolle im Nachkriegsdeutschland spielen.

In diesen Wochen häufte sich in Deutschland eine besondere Art von Todesfällen: Während oder unmittelbar nach der Kapitulation wählten viele größere und kleinere NS-Funktionäre, aber auch einige Spitzenmilitärs den Freitod. Ihre Gründe mögen in den einzelnen Fällen durchaus unterschiedlich gewesen sein. Hoffnungslosigkeit und Verzweiflung spielten gewiss eine Rolle. Vor allem aber muss man darin das Eingeständnis einer engen Gefolgschaft zum untergegangenen NS-Regime erkennen und damit verbunden die Angst, von den Siegern für die Verbrechen zur Rechenschaft gezogen zu werden.

➚ **Auf der Konferenz von San Francisco wird am 26. Juni 1945 die Charta der Vereinten Nationen unterzeichnet.**

9 Der Beginn einer neuen Weltordnung

Im Sommer 1945 lag Deutschland in Trümmern, es zahlte teuer für seinen »Amoklauf zur Weltmacht« (Rolf-Dieter Müller). Über 5 Millionen Soldaten der Wehrmacht und Waffen-SS waren gefallen, weitere gut 10 Millionen befanden sich in alliierter Gefangenschaft. Hinzu kamen über 1 Million tote Zivilisten, vorrangig durch den Bombenkrieg sowie durch Flucht und Vertreibung. Ganze Familien waren ausgelöscht, viele hatten keine Väter, Brüder oder Söhne mehr. Millionen Menschen hatten ihre Wohnung und ihre Habe verloren, sie standen vor einer ungewissen Zukunft. Eisenhowers Stellvertreter, General Lucius D. Clay, bemerkte im Juni 1945:

> Die Bedingungen werden diesen Winter in Deutschland sehr schwer werden und es wird viel Kälte und Hunger geben. Einige Kälte und Hunger werden aber nötig sein, damit das deutsche Volk die Konsequenzen des Krieges erkennt, den es angezettelt hat.

In der Tat: Das Deutsche Reich hatte Krieg, Terror und Zerstörung über Europa gebracht, Millionen Menschen waren in deutschem Namen ermordet worden. Selbst jetzt noch, nach der Kapitulation im Mai 1945, litten zahllose Menschen als *displaced persons* unter den Folgen der NS-Diktatur: Befreite KZ-Häftlinge, Zwangsarbeiter und Kriegsgefangene irrten ziel- und heimatlos umher.

Clay ergänzte allerdings auch: »Diese Leiden [der Deutschen] sollen aber nicht an einen Punkt gelangen, wo dies zu einem Massensterben aufgrund von Hunger und Krankheit führt.« Denn trotz aller Härten zu Beginn der Besatzungszeit behandelten die Alliierten das besiegte deutsche Volk grundlegend anders und besser, als die Deutschen im Krieg die meisten besiegten Völker behandelt hatten. Auf der Potsdamer Konferenz im Juli/August 1945 gaben die drei Regierungschefs der Siegermächte die berühmten »4 Ds« als politische Zielvorgabe für das besetzte Deutschland aus: Demilitarisierung, Denazifizierung, Demokratisierung und Dezentralisierung. Der Alliierte Kontrollrat sollte als oberstes

Ein Mann hackt Holz von einem übrig gebliebenen Baumstumpf im Berliner Tiergarten, 1946.

Regierungsorgan in den vier Besatzungszonen diese Politik umsetzen. Die Gebiete östlich von Oder und Neiße fielen an Polen, der Norden Ostpreußens an die Sowjetunion.

Klar war auch: Die Schuldigen an den zahllosen deutschen Verbrechen mussten büßen. Sofern sich die Angehörigen der NS-Elite wie Hitler, Goebbels und Himmler nicht bereits selbst gerichtet hatten, kamen Schlüsselfiguren des Dritten Reichs vor das Internationale Militärtribunal in Nürnberg. Im Hauptprozess sowie in zwölf (US-)Nachfolgeprozessen wurden von 1945 bis 1949 eine Reihe von NS-Kriegsverbrechern verurteilt. Trotz aller Defizite und Schwierigkeiten war der in Nürnberg beschrittene Weg eines internationalen Gerichtshofs für die Zukunft wegweisend. Verbrechen gegen die Menschlichkeit sollten nicht mehr ungesühnt bleiben können.

Aufgrund von Sachzwängen konnte die Entnazifizierung Deutschlands auf mittlerer und unterer Ebene nicht mit der gleichen Verve durchgeführt werden. So tat sich die westdeutsche Gesellschaft – nicht zuletzt wegen dieser personellen Kontinuitäten vom Nationalsozialismus in die junge Demokratie – lange mit der Aufarbeitung der NS-Zeit schwer. Trotzdem sollte man den Bruch 1945 betonen: Der Nationalsozialismus war als Ideologie und Gesellschaftsmodell vollkommen diskreditiert und konnte in der Bundesrepublik Deutschland nie wieder wirklich Fuß fassen. In der Deutschen Demokratischen Republik hingegen galt das Thema Nationalsozialismus durch den staatlich verordneten Antifaschismus von vornherein als abgeschlossen.

Ebenso wie das internationale Militärtribunal war die Gründung der Vereinten Nationen am 26. Juni 1945 in San Francisco ein zukunftsweisender Schritt in der internationalen Politik. Zwischenstaatliche Streitigkeiten sollten nicht mehr kriegerisch, sondern durch multilaterale Verhandlungen gelöst werden. Anders als dem Völkerbund nach dem Ersten Weltkrieg gehörten den Vereinten Nationen alle Siegerstaaten des Zweiten Weltkriegs an. Um auch die Sowjetunion einzubinden, waren die US-Präsidenten Roosevelt und anfangs auch sein Nachfolger Harry S. Truman zu mehreren Kompromissen gegenüber Stalin bereit. Churchill hingegen wollte eine härtere Linie gegenüber dem Sowjetdiktator durchsetzen, doch war das Vereinigte Königreich 1945 so geschwächt, dass es sich diplomatisch nicht mehr gegen die USA durchsetzen konnte. Der britische Premierminister wurde zudem bei den

Deutschland und Österreich nach 1945
Nordsee
DÄNEMARK
KOPENHAGEN
Kiel
Rostock
Bremerhaven
Hamburg
Schwerin
NIEDER-
LANDE
Bremen
Elbe
BERLIN
AMSTERDAM
Den Haag
Hannover
Weser
Antwerpen
BRÜSSEL
BELGIEN
Lüttich
Düsseldorf
Köln
Rhein
Bonn
Leipzig
Erfurt
LUX.
LUXEMB.
Mosel
Frankfurt
Main
Reims
Nürnberg
Nancy
Strasbourg
Stuttgart
Donau
FRANK-
REICH
München
Basel
Zürich
BERN
L.*
Inn
Innsbruck
SCHWEIZ
Genf
ITALIEN
Amerikanische Besatzungszone
Britische Besatzungszone
Französische Besatzungszone
Sowjetische Besatzungszone
Sektorenstädte unter Viermächte-status
unter polnischer bzw. sowjetischer Verwaltung
Deutschland in den Grenzen von 1937
L.* = Liechtenstein

Ostsee
Memel
Königsberg
SOWJET-UNION
Gdansk (Danzig)
Ostpreußen
Pommern
Bydgoszcz
Weichsel
POLEN
Poznań
Warthe
Oder
Breslau
Schlesien
Elbe
Viermächtestatus in Berlin
Havel
Spree
0 2 4 6 8 10 km
Viermächtestatus in Wien
Die innere Stadt wurde von den vier Besatzungsmächten gemeinsam verwaltet
Donau
0 2 4 6 8 10 km
TSCHECHOSLOWAKEI
Brno
WIEN
Bratislava
EICH
Graz
JUGO-LAWIEN
UNGARN
RUMÄNIEN
0 50 100 150 km
©ZMSBw 08266-07

Unterhauswahlen im Juli 1945 abgewählt und durch Clement Attlee ersetzt.

Den Preis für die Kompromisse gegenüber der Sowjetunion hatten vor allem die Staaten in Ost- und Ostmitteleuropa zu zahlen. Stalin hatte schon sehr früh seinen westlichen Verbündeten zu verstehen gegeben, dass er keinesfalls die im Hitler-Stalin-Pakt von 1939 geraubten Gebiete in Osteuropa wieder hergeben werde. Die baltischen Staaten erlangten deshalb ihre Unabhängigkeit nicht zurück, sondern blieben Teil der Sowjetunion. Finnland, Rumänien und vor allem Polen bekamen die 1939/40 besetzten Teile ihres Staatsgebiets nicht wieder. Im restlichen Osteuropa errichtete die Sowjetunion ihre Satellitenstaaten: In Rumänien, Bulgarien, Ungarn, Polen und der Tschechoslowakei etablierten sich mit Moskaus Hilfe kommunistische Einparteienstaaten. Verbunden damit waren grundlegende politische, ökonomische und soziale Transformationen, da die Bevölkerung in diesen Ländern eigentlich weitgehend anti-sowjetisch und anti-russisch eingestellt war.

Die imperialen Mächte Großbritannien und Frankreich verloren 1945 sukzessive ihre kolonialen Besitzungen – häufig aufgrund kommunistischer Aufstandsbewegungen. Europa hatte endgültig seine globale Dominanz verloren und sollte die Welt nicht noch einmal in einen seiner »Selbstzerfleischungsprozesse« (Christian Hartmann) reißen. Quer über den Kontinent verlief nun der »Eiserne Vorhang« und trennte die liberal-demokratische von der kommunistischen Welt. Besonders sichtbar war dieser »Eiserne Vorhang« in Deutschland: Das Land war seit 1949 in zwei Staaten geteilt, die jeweils unter dem direkten Einfluss der beiden Supermächte standen: Die Bundesrepublik Deutschland unter dem Schutz der USA und die Deutsche Demokratische Republik im Einflussbereich der UdSSR. Mit der Bundeswehr und der Nationalen Volksarmee standen sich bald zwei deutsche Armeen gegenüber, die einander im Ernstfall bekämpft hätten; Deutsche hätten auf Deutsche geschossen.

Mehr als die deutsche Frage spaltete jedoch die polnische Frage die Siegerkoalition, denn seit 1939 befand sich die eigentliche Regierung des Landes im Londoner Exil. Polnische Exil-Verbände hatten aufseiten der Westalliierten gekämpft. Auch die Verhältnisse in Griechenland belasteten die Allianz: Dort bekämpften die Briten seit Herbst 1944 einen kommunistischen Aufstand, der anschließend in einen Bürgerkrieg

»Niemand hat die Absicht, eine Mauer zu errichten.« (Zitat von Walter Ulbricht, dem Vorsitzenden des Staatsrats der DDR). Ausbau der Berliner Mauer am Brandenburger Tor, im Hintergrund der Reichstag, Herbst 1961

zwischen Bürgerlichen und Kommunisten mündete. Weitere grundlegende Differenzen bestanden in Fernost. Der Beginn des Koreakriegs im Jahr 1950 bedeutete gleichzeitig den Beginn des »Kalten Kriegs« zwischen den Supermächten USA und Sowjetunion. Die bipolare Weltordnung sollte die Weltpolitik bis 1989/90 prägen, als die Sowjetunion zerfiel und der »Eiserne Vorhang« ebenso wie die Teilung Deutschlands von der Landkarte verschwanden. Doch trotz aller internationalen Krisen wurde in der Mitte Europas aus dem »Kalten Krieg« gottlob nie ein »heißer«.

Anhang

Zeittafel

1944

25. September	»Führererlass« zur Aufstellung des Deutschen Volkssturms
17. Oktober	Die Rote Armee nimmt als erste deutsche Stadt Schirwindt in Ostpreußen ein.
23. Oktober	Massaker von Nemmersdorf
16.–24. Dezember	Deutsche Ardennenoffensive gegen die Westalliierten scheitert.

1945

12./13. Januar	Beginn der sowjetischen Winteroffensive an der Weichsel
16. Januar	Deutsche Räumung von Warschau
21. Januar	Bildung der Heeresgruppe Weichsel mit Himmler als Oberbefehlshaber
27. Januar	Befreiung des Vernichtungslagers Auschwitz
30. Januar	Letzte Rundfunkansprache Hitlers
	Uraufführung des Films *Kolberg* in Berlin und La Rochelle
31. Januar	Die Rote Armee setzt bei Küstrin über die Oder.
4.–11. Februar	Konferenz von Jalta zwischen Stalin, Roosevelt und Churchill
Februar/März	Sowjetische Einnahme Pommerns
13.–15. Februar	Bombardierung Dresdens
6.–15. März	Letzte große deutsche Offensive des Kriegs (Unternehmen »Frühlingserwachen«) in Ungarn
7. März	Die US Army nimmt die unversehrte Ludendorff-Brücke bei Remagen und überschreitet den Rhein.
9. März	Herausgabe des *Grundsätzlichen Befehls für die Vorbereitungen zur Verteidigung der Reichshauptstadt*
13. März	*Nero-Befehl* Hitlers zur Zerstörung der deutschen Infrastruktur

21. März	Generaloberst Heinrici übernimmt von Himmler den Oberbefehl der Heeresgruppe Weichsel.
28. März	»Flaggenerlass« Himmlers verbietet das Zeigen der weißen Fahne.
9. April	Kapitulation von Königsberg
12. April	Tod des US-Präsidenten Roosevelt
13. April	Die US-Army überschreitet die Elbe.
16. April	Beginn der sowjetischen Offensive auf Berlin mit der 1. Weißrussischen Front bei Seelow und der 1. Ukrainischen Front bei Forst
19. April	Sowjetischer Durchbruch bei den Seelower Höhen
20. April	Hitlers 56. und letzter Geburtstag
21. April	Letzte Rundfunkansprache Goebbels' Göring, Speer, Himmler und weitere NS-Granden verlassen Berlin. Sowjetische 5. Stoß-Armee erreicht Berlin. Kapitulation der Heeresgruppe B im »Ruhrkessel«
22. April	Verbände der 1. Ukrainischen Front erreichen Berlin und schließen die Reste der 9. Armee im »Kessel von Halbe« ein.
23. April	General Weidling wird »Kampfkommandant« von Berlin. Göring verlangt von Hitler »volle Handlungsfreiheit« und wird als Oberbefehlshaber der Luftwaffe abgelöst.
25. April	Vereinigung von Verbänden der 1. Weißrussischen und 1. Ukrainischen Front bei Ketzin und damit Einschließung von Berlin. Sowjetische und amerikanische Einheiten treffen sich bei Strehla an der Elbe.
26. April	Beginn des Angriffs der 12. Armee (Armee Wenck) Richtung Berlin
28. April	Generaloberst Bersarin wird sowjetischer Stadtkommandant von Berlin. Ablösung Heinricis als Oberbefehlshaber der Heeresgruppe Weichsel Himmlers Kontaktaufnahme mit den Westalliierten wird bekannt; Entbindung Himmlers von allen Ämtern.
29. April	Abbruch der Offensive der 12. Armee

30. April	Selbstmord Hitlers
1. Mai	Ablehnung eines deutschen Kapitulationsangebots in Berlin Selbstmord Goebbels' Ausbruch der 9. Armee aus dem »Kessel von Halbe«
2. Mai	Kapitulation von Berlin durch General Weidling Kapitulation der deutschen Truppen in Italien
4. Mai	Kapitulation der deutschen Truppen in Norddeutschland in der Lüneburger Heide
6. Mai	Kapitulation von Breslau
7. Mai	Bedingungslose Kapitulation der Wehrmacht in Reims
8./9. Mai	Bedingungslose Kapitulation der Wehrmacht in Berlin-Karlshorst
23. Mai	Verhaftung der Regierung Dönitz in Flensburg-Mürwik
25. April bis 26. Juni	Konferenz von San Francisco mit Gründung der Vereinten Nationen
17. Juli bis 2. August	Konferenz von Potsdam zwischen Stalin, Truman und Churchill bzw. Attlee

Literaturhinweise

Beevor, Antony: Berlin 1945. Das Ende. München 2002.

Below, Nicolaus von: Als Hitlers Adjutant 1937–45. Mainz 1980.

Fest, Joachim. Der Untergang. Hitler und das Ende des Dritten Reiches. Eine historische Skizze. Berlin 2002.

Foerster, Roland G. (Hrsg.): Seelower Höhen 1945. Hamburg 1998.

Freytag von Loringhoven, Bernd: Mit Hitler im Bunker. Die letzten Monate im Führerhauptquartier. Juli 1944 – April 1945. Berlin 2006.

Gellermann, Günther W.: Die Armee Wenck. Hitlers letzte Hoffnung. Koblenz 1984.

Glantz, David M.: Soviet Military Operational Art. In Pursuit of Deep Battle. London/Portland 1991.

Gosztony, Peter (Hrsg.): Der Kampf um Berlin 1945 in Augenzeugenberichten. Düsseldorf 1970.

Hartmann, Christian / Hürter, Johannes: Die letzten 100 Tage des Zweiten Weltkriegs. München 2005.

Hillmann, Jörg / Zimmermann, John (Hrsg.): Kriegsende 1945 in Deutschland. München 2002.

Keller, Sven: Volksgemeinschaft am Ende. Gesellschaft und Gewalt 1944/45. München 2013.

Kershaw, Ian: Das Ende. Kampf bis in den Untergang. NS-Deutschland 1944/45. München 2011.

Konew, Iwan: Das Jahr Fünfundvierzig. Berlin (Ost) 1969.

Kunz, Andreas: Wehrmacht und Niederlage. Die bewaffnete Macht in der Endphase der nationalsozialistischen Herrschaft 1944 bis 1945. München 2005.

Lakowski, Richard: Ostpreußen 1944/45. Krieg im Nordosten des Deutschen Reiches. Paderborn 2016.

Le Tissier, Tony: Der Kampf um Berlin 1945. Von den Seelower Höhen zur Reichskanzlei. Frankfurt und Berlin 1991.

Militärgeschichtliches Forschungsamt (Hrsg.): Das Deutsche Reich und der Zweite Weltkrieg. Bde. 10/1 und 10/2. Der Zusammenbruch des Deutschen Reiches 1945. Stuttgart 2008.

Noble, Alistair: Nazi Rule and the Soviet Offensive in Eastern Germany 1944–1945. The Darkest Hour. Brighton/Portland 2009.

Schukow, Georgij: Erinnerungen und Gedanken. Stuttgart 1969.

Soviet General Staff (Hrsg.): The Berlin Operation 1945. Solihull 2016.

Zimmermann, John: Pflicht zum Untergang. Die deutsche Kriegführung im Westen des Reiches 1944/45. Paderborn [u. a.] 2009.

Abbildungsnachweis

akg-images: 39, 49, 55, 61 Tony Vaccaro, 135, 140
bpk Bildagentur: 96, 98 und 112/113 Voller Ernst – Fotoagentur / Jewgeni Chaldej, 7 Museum Berlin-Karlshorst / Iwan Schagin, 16, 27, 29, 40, 63 Museum Berlin-Karlshorst / Timofej Melnik, 66, 84, 99, 105 US-Army
Bundesarchiv Bildarchiv: 13 Bild 183-J28519 Göttert, 18 Bild 183-J28608, 52 Bild 183-J28650 Baudiedl, 128 Bild 146-2000-005-12
Bridgeman images: 34 Sovfoto/UIG
picture alliance: 35 Ria Novosti / Sputnik / dpa, 45 AP Images, 93 Patrick Pleul, 109 ZB, 115, 131
Süddeutsche Zeitung Photo: 25, 51, 60, 121, 124 und 127 Scherl, 21 picture alliance, 23, 43 Sammlung Megele, 47, 56, 59, 82, 83, 89, 107, 111 Carl Heinrich, 133 amw, 136 United Archives / TopFoto, 143 Amerika Haus, 149 ap / dpa / picture alliance
ullstein bild: 8, 19 Heritage Images / Ann Ronan Pictures, 31 Arthur Grimm, 37 PAI-Foto.pl, 64 Walter Frentz, 67 ADN-Bildarchiv, 71 Heritage Images / Fine Art Images, 75 LEONE, 76, 95, 101, 102, 117, 119, 125 LEONE, 144 Röhnert

Generallegende für taktische Zeichen

Größenordnungszeichen

XXXXX	Heeresgruppe
XXXX	Armee
XXX	Korps
XX	Division
X	Brigade

Abkürzungen

Abw.	Abwehr
Brif	Brigadeführer
Div.	Division
Fsch.Jg.	Fallschirmjäger
Gd.	Garde
Geb.	Gebirgs-
GenMaj	Generalmajor
Gren.	Grenadier
Kav.	Kavallerie
Kr.	Kräfte
mech.	mechanisiert
O	Oberst
OGruf	Obergruppenführer
OKH	Oberkommando des Heeres
OKW	Oberkommando der Wehrmacht
OTL	Oberstleutnant
Pz.	Panzer
St.Gesch.	Sturmgeschütz

Taktische Zeichen - Nationalitäten

Sowjets
Deutsche
Polen

Anmerkungen

Um operationsgeschichtliche Abläufe möglichst verständlich und übersichtlich abzubilden, wurden alle Karten in diesem Band an die weithin geläufigen taktischen Zeichen der Bundeswehr (außer Kraft gesetzte Zentrale Dienstvorschrift 1/11) angelehnt.
In einzelnen Karten des Bandes weichen manche Schreibweisen geografischer Namen von der heutigen Transkription gemäß Duden ab, da für die Schreibweisen die zeitgenössische deutsche Transkription zugrunde gelegt wurde.

Personenregister